Paris
1864

Challemel-Lacour, Paul

La Philosophie individualiste, étude sur Guillaume de Humboldt

LA

PHILOSOPHIE INDIVIDUALISTE

Paris. — Imprimerie de E. Martinet, rue Mignon, 2.

LA PHILOSOPHIE

INDIVIDUALISTE

ÉTUDE

SUR GUILLAUME DE HUMBOLDT

PAR

M. CHALLEMEL - LACOUR

PARIS

GERMER BAILLIÈRE, LIBRAIRE ÉDITEUR
17, rue de l'École-de-Médecine.

Londres | **New-York**
Hipp. Baillière, 219, Regent street. | Baillière brothers, 440, Broadway.

MADRID, C. BAILLY-BAILLIÈRE, PLAZA DEL PRINCIPE ALFONSO, 16.

1864

AVANT-PROPOS

Deux choses aujourd'hui préoccupent, à juste titre, un grand nombre d'esprits réfléchis : d'abord la nécessité de restituer, en théorie et en fait, à l'énergie individuelle sa part légitime ; puis l'indestructibilité du génie des races, l'importance et le droit des individualités nationales. Ces choses, d'ailleurs corrélatives, n'intéressent pas seulement la politique, qu'elles tendent à renouveler ; elles intéressent au même degré l'histoire des arts, de la littérature et des religions.

Elles sont les deux pôles sur lesquels tournent tous les travaux de Guillaume de Humboldt.

Notre temps n'écoute guère ceux qui ne font profession que d'être philosophes. Il se défie des méthodes exclusivement abstraites. Il veut être conduit aux idées par les faits et arriver aux conclusions philosophiques par le chemin des sciences; il est décidément spécialiste. C'est par des voies spéciales, par le droit, l'esthétique, la linguistique, que Guillaume de Humboldt est parvenu aux conclusions, dont l'ensemble forme sa philosophie. On ne s'étonnera donc pas qu'il soit question dans les pages suivantes de faits très-variés et de considérations qui appartiennent à des ordres fort différents.

La biographie y tient également une certaine place. On peut fort bien étudier les sciences sans se soucier des savants qui les ont faites. Mais la philosophie n'est pas une science comme une autre; il y reste toujours un élément personnel qu'on ne saurait négliger. Toute grande philosophie porte le nom d'un homme. Quelques-uns voient ici la condamnation de la philosophie; ce qu'on devrait y voir, c'est qu'elle est impérissable comme le génie. Humboldt n'a point de système, il n'a que des vues, mais des vues qui portent à l'infini. Elles tiennent étroitement à son caractère, et sa vie est l'indispensable commentaire de sa pensée.

Je n'ai point à demander grâce d'avoir adopté un Allemand pour mon héros. Dans l'œuvre commune qui s'accomplit en Europe, l'Allemagne s'est fait depuis un siècle une telle part, elle est représentée par de tels ouvriers, qu'il faut à toute force lui accorder une partie de notre temps et de nos admirations.

La Revue germanique et française, où ce travail a paru pour la première fois, a pris le rôle d'interprète et de médiatrice entre ce pays et le nôtre. Elle s'est placée depuis plusieurs années au premier rang parmi les publications littéraires et savantes de ce temps-ci, grâce au talent supérieur et au zèle désintéressé de son directeur, M. Charles Dollfus. Bien d'autres savent, comme moi, le prix de ses conseils.

P. CHALLEMEL-LACOUR.

LA
PHILOSOPHIE INDIVIDUALISTE

ÉTUDE

sur

GUILLAUME DE HUMBOLDT

Il est impossible, au dire des physiciens, que deux molécules matérielles arrivent au contact absolu ; il l'est encore davantage peut-être qu'un esprit français et un esprit allemand parviennent jamais à se pénétrer à fond réciproquement. Quiconque essayera parmi nous de comprendre parfaitement et surtout de faire comprendre aux autres un des hommes qui sont les types excellents de la nature germanique, sera tenté plus d'une fois de renoncer à une pareille tâche. Je ne dissimule pas que j'ai éprouvé plusieurs accès de découragement en étudiant G. de Humboldt.

Toutes les raisons qui peuvent, je crois, expliquer et aggraver en même temps cette difficulté se trouvent réunies en lui; je n'en signalerai que deux. Nous aimons à résumer l'existence d'un homme dans les travaux qui lui survivent. « Tant vaut l'œuvre, tant vaut l'homme, » est un proverbe très-français. Si nous ne comptions pas obtenir un résultat positif au moins proportionné à nos efforts, nous regarderions probablement le travail comme une fatigue inutile qu'il serait absurde de s'imposer. Qu'un jour, où il est pris d'une belle ambition littéraire, un Parisien vienne à passer le long des quais en méditant le livre qui doit être le fondement de sa gloire; si par malheur à la vue de ces rangées de bouquins confondus sans distinction, qu'un chacun remue comme une marchandise banale, il s'avise de songer que son ouvrage viendra bientôt prendre place dans cette longue nécropole qui s'étend de la rue du Bac au pont Notre-Dame, et qui engloutit le bon et le mauvais, il risque fort de sentir son enthousiasme tomber tout à coup, et le livre pourra bien s'en aller en fumée. Que vous soyez tenté, en une heure d'exaltation généreuse, de vous consacrer à la chose publique, un seul retour sur tant de vies inutilement dépensées dans la politique refroidira votre ardeur; vous vous prendrez à sourire de ce rêve en vous rappelant les hommes d'État confinés sous leur tente, après tant de luttes inutiles et après avoir vu anéantir jusqu'aux dernières traces de leur œuvre. Avec un tel caractère, il n'est pas fort aisé de comprendre des gens qui, sans dédaigner le succès, semblent chercher principalement dans le travail une satisfaction personnelle, un philosophe qui se délecte dans son système, un musicien entassant jour par jour dans une armoire, comme l'a fait Sébastien Bach pendant vingt ans, des oratorios que nul orchestre n'exécutera, des chefs-d'œuvre d'harmonie que son oreille et aucune oreille humaine n'entendra peut-être jamais. Cette disposition se rencontre, si je ne me trompe, plus ou moins prononcée, dans tout Allemand. On verra bientôt à quel degré elle existait chez G. de Humboldt.

Secondement, il nous coûte en général très-peu de nous résigner à la spécialisation, qui est une fatalité de la civilisation moderne. Sans doute, nous touchons volontiers à toute chose, mais en dilettantes; nous n'hésitons guère dans un salon à raisonner de tout, même de théologie et d'astronomie, mais sans prétention à la science et avec cette légèreté ignorante qui est, à ce qu'on assure, une des grâces de l'esprit français. Du reste, nous nous décidons d'assez bonne heure et d'assez bonne grâce à être ceci ou cela; nous sommes plus ambitieux et plus flattés d'être quelque chose que d'être quelqu'un, et, notre choix fait, nous nous consacrons au rôle accepté avec l'unique préoccupation d'y réussir. Nous ne sommes nullement désolés de ce qu'il nous a fallu renoncer à tous les autres, puisque c'est la condition du succès, et par conséquent la sagesse. Nous sommes obligés, quand nous voulons être francs, d'avouer la surprise que nous cause toujours l'universalité relative de certains Allemands, et nous ne parvenons à nous l'expliquer qu'en lui attribuant l'obscurité qui règne dans ces vastes cervelles d'outre-Rhin, ou bien en nous persuadant qu'une science si variée est nécessairement superficielle. Cependant cette répugnance à se cantonner dans un coin séparé du monde intellectuel semble tenir essentiellement au caractère germanique. On ne prend en Allemagne qu'à la dernière extrémité le parti de s'enfermer dans une carrière déterminée. Un Allemand qui a passé par les quatre Facultés avant de se vouer à une profession définitive n'est pas une grande rareté, et il n'abordera pas ces études successives en curieux qui ne veut qu'effleurer ; il y portera, au contraire, tout le sérieux et toute la profondeur de la conscience. De là, dans les écrits allemands, cette tendance à multiplier les aspects d'un sujet, à le suivre, non sans quelque prolixité et sans quelque confusion, dans toutes les ramifications qui se lient

aux divers ordres de la pensée. Heureux encore lorsqu'à cette ambition d'embrasser le monde intellectuel
tout entier ne se joint pas le désir ardent, mais le plus
souvent infructueux, d'essayer ses forces dans le maniement des réalités terrestres.

Je sais que beaucoup de Français, et des plus
grands, je sais que les Encyclopédistes et Voltaire
ont aussi porté la main sur toutes les provinces de la
pensée, science, philosophie, histoire, poésie; les
écrivains du XVIIIᵉ siècle ne demanderaient pas mieux
non plus que de se mêler à l'action, si de temps en
temps la Bastille n'y mettait bon ordre et si d'autres
disgrâces ne venaient à propos tempérer leur ardeur;
que dis-je? c'est par leurs mains que s'exerce l'action
véritable. Mais on reconnaîtra sans peine que ces
grands hommes, en diversifiant leurs travaux, cher-
chent à multiplier leurs moyens d'influence bien plus
qu'ils n'obéissent à un besoin personnel d'universalité. Sans manquer au respect que mérite le génie de
Voltaire, il est permis de dire, je crois, que l'inspiration poétique et tragique n'est pas, chez lui, bien
impérieuse; sa poésie, volontaire et calculée, si je
puis dire, est presque uniquement un mode populaire
de prédication philosophique. Ce qu'ils poursuivent
tous, par toutes les voies de l'intelligence, c'est la con-

quête des esprits, le renversement des préjugés, le succès, la gloire, la révolution.

Chez les Allemands, au contraire, cette aspiration, quelquefois immodérée, à l'universalité manifeste un besoin intime, et l'on reconnaît chez G. de Humboldt à un degré très-éminent ce côté de l'organisation nationale. Philosophe, traducteur, historien, publiciste, humaniste, linguiste, poëte et homme d'État, il s'adonne soigneusement à la culture simultanée de toutes ses facultés; il ne veut laisser se dessécher aucune des branches de son esprit. Lorsqu'à la longue il a adopté une spécialité, puisqu'il faut bien finir par là, lorsqu'il est devenu l'un des premiers linguistes de l'Europe, cette science est un centre auquel il a l'art de rattacher encore tout le reste. Son style même respire cette tendance à être complet; il voudrait refléter, pour ainsi dire, dans chaque phrase, toutes les faces de la nature des choses en même temps, et il n'est pas toujours facile de se retrouver dans les détours de ce style magistral, mais fluide comme l'onde, changeant comme Protée, faisant effort pour se modeler sur la forme complexe des choses et du cerveau humain, comme s'il voulait l'envelopper et la reproduire tout entière.

Ces différences sont utiles à rappeler; car d'elles, ce me semble, découlent en grande partie, d'un côté notre indifférence à l'égard de ces personnages dont nous ne pouvons débrouiller l'énigme, de l'autre les rigueurs que nous épargnent trop peu un grand nombre d'Allemands intelligents. Ce n'est pas, toutefois, une raison pour ne pas renouveler la tentative sincère de nous comprendre les uns les autres.

On demandera peut-être pourquoi ne pas considérer exclusivement l'œuvre qui subsiste, aujourd'hui que l'auteur n'est plus, et qui seule aussi nous intéresse. Je pourrais dire qu'en ne séparant pas l'homme de ses travaux, je me conforme respectueusement à ce qui paraît érigé en loi dans la critique contemporaine. Mais il est une meilleure réponse à faire : c'est qu'étudier l'œuvre, abstraction faite de l'homme, serait ici un grossier contre-sens. En effet, quelque singulière que puisse sembler cette assertion, et quelle que soit la valeur des travaux de G. de Humboldt, c'est avant tout et de son propre aveu pour lui-même qu'il les a accomplis. On se tromperait donc à les étudier comme s'ils avaient été exclusivement composés en vue du public, et l'on s'exposerait de cette façon à être trop sévère. Quant à la forme, aussi bien que quant au fond, l'œuvre de G. de Humboldt n'est pas accessible à tout le monde. Les savants spéciaux, qui ne sauraient méconnaître en lui l'égal des plus grands, admirent cette œuvre, mais ne l'acceptent pas sans réserves ; d'autre part, cette œuvre n'est nullement faite pour la masse des lecteurs, par cette raison même que de tous les intérêts, celui dont la masse est le moins touchée est l'intérêt qui s'attache au progrès intérieur ; tout progrès qui ne se résout pas en un avantage palpable, commun et permanent, lui paraît au moins problématique, et ressemble pour elle à du mysticisme.

Or, il n'est pas tout à fait faux qu'à la prendre en elle-même, l'œuvre de G. de Humboldt ne puisse paraître en partie d'une utilité contestable, ou du moins fort restreinte. Elle révèle un homme, âme et pensée, très-digne d'être connu, plutôt qu'elle n'enseigne une science, qu'elle ne résout un problème, qu'elle n'expose d'une manière populaire un certain ordre de vérités. Elle témoigne d'une aspiration haute et efficace à l'avancement moral ; elle offre le développement varié, mais difficile à suivre, d'une intelligence forte, montrant ce qu'elle peut par de magnifiques essais, plutôt que par des travaux dont il soit donné de jouir et de profiter sans s'inquiéter de leur auteur.

Les pages qui suivent contiennent donc l'étude d'un homme, rien de plus, puisque les écrits qui restent de lui ne sont utilisés que pour découvrir ce qu'il a été ; d'un homme surtout en ce sens qu'on n'y veut pas décrire un personnage politique, bien que G. de Humboldt ait été diplomate et ministre, et qu'il ait pris une part importante aux événements de son temps, ni un philosophe, quoiqu'il ait agité plusieurs des questions capitales de la philosophie, ni un linguiste, quoique sa place soit au premier rang dans la science, mais seulement raconter les efforts soutenus qu'il a faits pour se développer avec harmonie, pour empêcher de s'étioler en lui aucune des puissances qui constituent l'homme, imagination, sentiment, raison, énergie active. C'est de ce point de vue que G. de Humboldt m'a paru utile à étudier pour apprendre quels procédés il a mis en œuvre et à quel point il a réussi.

Je prie qu'on ne m'attribue pas la prétention de faire un portrait en pied ni même en buste. Il faudrait, je le sens, une main bien habile pour esquisser seulement avec vérité une figure morale, très-tranchée dans son ensemble, mais où l'on n'aperçoit nul caractère saillant qui permette de définir l'homme d'un seul mot. L'esquisse serait manquée si les détails n'y étaient pas fondus et équilibrés de manière à tempérer l'impression de l'un par celle de l'autre, et à frapper plutôt par la physionomie générale que par l'effet dominant de tel ou tel trait accentué.

I

LA VIE.

La famille de Humboldt, riche, d'une noblesse ancienne, était depuis longtemps au service des princes
de Brandebourg, et en possession traditionnelle d'em-
plois militaires et diplomatiques. Le chevalier de Humboldt avait compté parmi les intimes et les favoris de
Frédéric-Guillaume II, avant que celui-ci régnât. Son
fils, Guillaume de Humboldt, vécut toujours en relations étroites, presque amicales, avec la cour, et il fut
un des premiers conseillers du futur roi Frédéric-
Guillaume III.

Une haute naissance et une grande fortune ne mettent pas toujours l'homme auquel sont échues ces
faveurs enviées à même de gouverner sa vie à son
gré ; si elles l'exemptent des cruels soucis du pain
quotidien, elles le tiennent souvent engagé en des
liens brillants qu'il ne peut rompre. Grâce aux circonstances, mais grâce aussi à une rare indépendance

de volonté cachée sous une extrême douceur, la vie
de G. de Humboldt s'est écoulée telle à peu près qu'il
lui a convenu de la faire. Il n'a dévié que très-peu, et
juste autant qu'il l'a voulu, de la ligne qu'il s'était
tracée. Rien n'est venu, ni en lui-même ni hors de
lui, déranger le mode d'existence qu'il avait conçu.

Tout jeune encore, il a désiré voir de ses yeux ceux
que la renommée entourait, connaître les écrivains
dont la pensée remuait l'Allemagne, approcher et regarder face à face dans leur humanité ces puissances
que tant d'esprits, exclus d'un commerce ardemment
et vainement souhaité, sont réduits toute leur vie à
contempler de loin à travers les livres; aussitôt les
plus illustres sont allés au-devant de lui, il a trouvé
toutes les avenues ouvertes, il est entré de plain pied
dans l'intimité du génie. Il s'est vu placé, dès le début
et sans effort de sa part, là où des hommes d'un mérite supérieur ont pour toute ambition d'arriver après
une vie de labeur. A-t-il voulu sortir de la vie publique, rien ne l'a retenu; a-t-il voulu y rentrer, le
poste qu'il aurait demandé entre tous s'est trouvé
prêt pour lui. A l'heure où allait se dénouer une des
grandes tragédies de l'histoire, il a été appelé à as-
sister, comme partie active, aux péripéties les plus
dignes d'intéresser un homme d'État philosophe. Les
pays qu'il voulait connaître, il les a visités; les tra-

vaux qui lui tenaient au cœur, il s'y est livré ; les secours dont il avait besoin lui sont arrivés de toutes
parts ; les documents les plus nécessaires et les plus
précieux, mais les plus inattendus, ont abondé sous
sa main. Qu'il ait essuyé plus d'un mécompte, qu'il
ait eu sa part de chagrins, de douleurs même, il est
assez superflu de le dire. A tout prendre, cependant,
la vie a été bonne pour lui.

Il n'est que juste d'ajouter qu'il a profité de son
bonheur en conscience. Tous les avantages de la fortune pouvaient lui tourner à mal, s'il n'avait eu l'art
d'en user, art qui suppose un parfait équilibre moral
et qui par conséquent est lui-même une faveur inap-
préciable. Aucune des passions perturbatrices, qui
frappent de stérilité les intentions les plus sages et
qui mettent en poudre les plans les mieux entendus,
n'a atteint G. de Humboldt. Il n'a pas eu le sort à
combattre, il n'a guère eu à lutter non plus contre
lui-même. La vie de G. de Humboldt a réussi parce
qu'il s'est proposé des buts analogues à ses penchants
et qui ne le mettaient pas à la merci des circonstances.
Sans se piquer de stoïcisme, il s'est conservé indépendant de l'enchaînement fatal des causes et des effets
externes, ce qui est toute la sagesse stoïcienne ; il a
réussi, le dirai-je ? parce qu'en tout ce qu'il a voulu
et entrepris, il a toujours eu lui-même pour ob et.

Ces existences heureuses ne sont pas assurément les plus émouvantes. Une harmonie moins complète entre la situation et le caractère, le violent combat d'une noble nature contre une destinée rigoureuse, ou même son naufrage sous le coup de passions, remue-raient plus vivement la fibre intime de nos cœurs, en y réveillant le souvenir de luttes et de défaites trop connues. Mais cette existence privilégiée a pourtant, elle aussi son intérêt, et ce travail constamment heu-reux de l'homme sur lui-même mérite d'être observé avec attention. S'il y a dans la tendance de Humboldt à ne jamais perdre de vue son propre perfectionne-ment et à chercher presque exclusivement en toute chose ce qu'il en peut tirer pour l'extension et pour l'élévation de ses idées, une pointe légère d'aristo-cratie, ou, si l'on veut, d'égoïsme, on aurait tort d'y voir la moindre trace d'un sentiment bas ou seule-ment vulgaire. Humboldt ne se sépara jamais un seul instant des destinées générales. Bien éloigné de fermer son esprit ou ses yeux aux agitations de l'Europe, il suivit sans relâche, quelquefois de loin, mais toujours avec une sympathie ardente pour la grandeur hu-maine, la cause qui se débat de nos jours. Enfin, son âme était largement ouverte à la pitié, mais il croyait que l'homme n'a de puissance réelle que dans la sphère de son être, et il pensait qu'en dépit des vues les plus droites et des efforts les plus dévoués, la fatalité extérieure ne peut être combattue avec certaines chances de succès que par la réaction énergique de chaque individu sur lui-même.

En considérant un bonheur si noblement employé, on doit se féliciter, au lieu d'en savoir mauvais gré à la Fortune prodigue, que de loin en loin elle accumule sur un même homme tous les bienfaits sans lesquels serait impossible l'accomplissement de certaines tâches. Il est à croire que Humboldt aurait, aussi bien que d'autres, soutenu fièrement les épreuves d'une situation obscure, qu'il y aurait surmonté les difficultés infinies de la vie matérielle, conquis l'estime et le respect pour son nom, élevé quelque monument de ces vastes facultés. Mais on ne conçoit pas néanmoins, dans des circonstances moins prospères que celles où il naquit, ce tranquille développement d'esprit, cette unité et cette sérénité de caractère, cette immense élaboration scientifique que présente la vie de G. de Humboldt.

A la mort de son père, en 1779, il n'avait que cinq ans. Mais Mᵐᵉ de Humboldt, femme d'une intelligence peu ordinaire, veilla avec l'attention la plus sérieuse sur l'éducation de ses deux fils, Guillaume et Alexandre. Ils furent élevés ensemble à Berlin, l'hiver dans la maison et sous les yeux de leur mère, l'été, pen-

dant qu'elle était retirée dans sa terre de Tegel, sous
la conduite d'un précepteur sûr, et avec les soins des
meilleurs maîtres : Campe, Kunth, Engel, dirigèrent
tour à tour ou en même temps leur éducation. Tous
les trois étaient imbus de l'esprit qui régnait alors à
Berlin ; cet esprit était un composé du tempérament
protestant et de la petite philosophie que le grand
roi avait plantée et cultivée autour de lui, comme un
parterre exotique. Il y entrait de la hardiesse et de la
crédulité, de la logique, du mysticisme, un peu d'intolérance, de la sécheresse française et de la rêverie
allemande. G. de Humboldt avait été introduit par son
précepteur Kunth auprès d'une certaine Mme Marcos
Herz et de ses amies ; ces dames formaient une société
secrète, qui avait pour but l'avancement de la vertu,
l'exercice de la charité, la culture de l'esprit et du
sentiment. On s'y tutoyait, on s'y écrivait en chiffres,
on y versait dans des cœurs fidèles les plus intimes
confidences. C'est un beau titre pour G. de Humboldt,
adolescent de dix-huit ans, d'avoir été jugé digne de
passer le seuil de ce chaste cénacle. Il paraîtrait toutefois qu'il commit d'abord quelque légère infraction
à la gravité requise ; mais il se confessa humblement,
pleura aux pieds de la jolie Mme Herz, reçut l'absolu-
tion, et fut admis à l'honneur d'être initié. En somme,
on respirait dans ce monde de philosophes et de

femmes une atmosphère indépendante, et de plus
G. de Humboldt y prit des habitudes douces, dont le
pli ne s'est jamais effacé. Il y contracta, comme son
frère, et plus peut-être qu'on n'aurait voulu, une
liberté virile, quoique respectueuse, à l'égard de
toutes les doctrines, et une certaine mollesse expan-
sive, qui lui fit un besoin perpétuel des relations
féminines.

On l'envoya, en compagnie d'un précepteur, à
Francfort, pour étudier le droit, puis bientôt après à
Gœttingen, seul et pour la première fois responsable
de lui-même; mais on a le droit de dire qu'il avait
toujours été mûr pour la liberté. Il n'use de cette liberté que pour étudier l'antiquité en même temps
que le droit, pour lire Horace et Homère, pour suivre
les leçons philologiques de Heyne. En 1789, ses
études sont finies; mais, avant de subir les dernières
épreuves, il fait avec le vieux Campe, qui avait été
son précepteur, un voyage à Paris, et il y arrive la
veille du 4 août; c'est-à-dire qu'il tombe d'une région
lunaire sur une planète en combustion, dans un monde
ivre de sa résurrection commencée. Au milieu de ce
jugement dernier du moyen âge, il reste assez calme
pour s'amuser flegmatiquement aux magnificences de
Versailles et aux curiosités du vieux Paris. Toutefois,
il ne manque aucun *spectacle*; il assiste aux débats

de l'Assemblée nationale, il voit et il entend Mirabeau,
il flâne autour de la Bastille, premier champ de ba-
taille et première conquête de la Révolution ; il se
donne le plaisir d'une séance entière de l'Académie
française. Le vieux Campe, gagné par l'ivresse générale, hors de lui, éperdu, ravi de se voir en personne
aux funérailles du despotisme français, croit à la
réalisation prochaine de tous les rêves philosophiques
de Berlin, et regarde de tous ses yeux se lever sur
l'horizon le soleil de la vérité, si longtemps attendu.
Mais, ni l'allégresse de ses compagnons, ni l'enthousiasme universel dont il est témoin, ne gagnent l'impassible étudiant. Il observe à la vérité tout avec
attention, il ne perd aucun détail ; mais ce qu'il voit
est une collection intéressante d'individus et de scènes.
Qu'on ne s'étonne pas trop de cette froideur, et qu'on
songe plutôt que pour un jeune gentilhomme allemand, disciple de Mme Herz, tout frais émoulu de
Gœttingen, c'est déjà beaucoup de n'être pas effrayé
de ce mouvement désordonné. Il ne faut pas prendre
trop à la lettre cette spécieuse indifférence ; s'il reste
de sang-froid devant les événements, les scènes se
gravent en lui ; le sens qu'elles renferment se dégage
d'une manière latente dans sa pensée, et bientôt il
interprétera la révolution avec plus de profondeur que
plusieurs de ceux qui l'ont faite ou qui l'ont racontée.

Je reconnais toutefois que sa curiosité était un peu
celle d'un artiste ; rien ne l'occupait plus fortement à
ce moment-là que la diversité des caractères indivi-
duels. Étudier l'homme ou les hommes est une occupation très-philosophique et très-utile, à laquelle
chacun se livre sans le savoir dans un but purement
pratique ; collectionner des hommes, connaître des
personnages plus ou moins illustres, les comparer,
les classer, en décrire la physionomie, était alors le
passe-temps de toute l'Allemagne. C'était une manie
élégante que d'avoir dans ses relations une grande
variété de types, comme on se dresse un herbier,
comme on amasse un recueil d'autographes ; manie
que la vogue de Lavater avait manifestée et accrue.
On passait les trois quarts de sa vie à entretenir des
correspondances avec toutes les célébrités possibles,
dans l'intention avouée de se disséquer mutuellement.
Ce goût particulier a subsisté longtemps, et peut-être
en découvrirait-on encore des traces chez nos voisins.

Il tenait certainement chez G. de Humboldt à une
disposition native et indestructible. Humboldt était
curieux de l'homme, il aimait le monde, et l'aima
presque jusqu'à la fin, non par un frivole besoin de
distraction, qui est le propre des esprits vides et sans
vigueur, mais parce qu'il goûtait une satisfaction savante et féconde à observer de nouveaux caractères.

à pénétrer le secret d'une organisation originale. Dès
cette époque, ses relations étaient nombreuses. A Gœttingen, il avait fait la connaissance de Georges Forster,
dont la nature, comme la vie, formait presque à tout
égard un contraste direct avec la sienne. Forster n'a-
vait jamais su ce que c'est que le travail libre, le
repos, l'abondance ; à dix-huit ans, il avait fait le
tour du monde, et à vingt, celui de l'infortune humaine ; il était grave et austère, mais passionné autant
que Humboldt était calme ; tandis que celui-ci jouissait
pleinement de lui-même dans une sphère toute con-
templative, Forster, prisonnier dans une bibliothèque,
éprouvait le besoin de se mêler aux hommes et aux
événements ; il était miné par une soif d'agir, soif qui
devint maladive en lui et qui le tua ; son esprit, dans
une perpétuelle ébullition, versait sur toutes choses
et en profusion, les idées dont Humboldt, aussi riche
que lui, était infiniment ménager. Malgré tant d'op-
positions, Forster avait captivé puissamment G. de
Humboldt, en même temps qu'il lui imposait. Les
lettres que ce dernier lui adresse sont remarquables
par une véritable effusion de cœur, mêlée à un singulier respect, que l'âge de Forster ne saurait expliquer. Peut-être le temps seul a-t-il manqué à Forster,
pour qu'involontairement il exerçât une action décisive sur G. de Humboldt. Cependant, à la fin de sa

vie, Humboldt a presque désavoué ces fortes impressions de sa jeunesse ; il a porté (1) sur Forster un
jugement qui contraste plus qu'on ne souhaiterait
avec ses lettres, et dont la sévérité touche à l'injustice.
L'injustice n'était pas, j'en suis persuadé, dans son
intention ; mais le temps et les événements changent
étrangement les relations des choses et des personnes
avec nous. A la distance de quarante ans, l'ancien
ministre ne pouvait pas facilement reconnaître dans
le jacobin mayençais, dans l'apologiste de la Convention, dans le soldat obscur de la Révolution avortée,
l'objet de ses premières admirations.

Forster l'avait mis en relation avec Jacobi, l'adversaire de la philosophie critique et du rationalisme
berlinois que, dans l'emportement de la lutte, il quali-
fiait de papisme philosophique et d'*hypercryptojésui-
tisme.* Humboldt, aussi peu fanatique pour ses anciens
amis que pour le nouveau, réussit à ne pas prendre
parti, habileté grande pour un âge comme le sien.
Du reste Jacobi était homme du monde et homme
d'esprit ; il faisait avec beaucoup de charme les honneurs de sa maison de Pempelfort, sa *conversation*
était brillante et nourrie ; Humboldt fut séduit. Forster l'avait encore introduit auprès de Muller, l'histo-

_____

(1) *Briefe an eine Freundin.* II, 19.

rien de la Suisse, auprès de Heucke, le romancier.
Humboldt allait ainsi de ville en ville à la recherche
des notabilités, aiguisant son jugement par l'appréciation profondément étudiée de chaque personnage.
A Stuttgart il visitait le philosophe Abel, et il s'éton-
nait, preuve de jeunesse et d'inexpérience, de le
trouver si pauvre d'idées quoique philosophe ; il s'a-
perçut ce jour-là, et il s'en souvint toujours, que
l'apparat des formes systématiques est un bon moyen
pour se passer du fond. A Zurich, il abordait cette
énigme qu'on appelle Lavater, lequel, justement ridi-
culisé de son temps, est resté chez nous, je ne sais
par quelle fortune propice, en possession d'une sorte
de popularité et l'objet d'admirations plus vives qu'é-
clairées. Lorsque Humboldt se présenta chez lui, la
question était encore de savoir si Lavater était un
prophète, un saint ou un fripon, ni plus ni moins. Le
jeune visiteur trouva Lavater occupé à ranger sur des
tablettes des cartons soigneusement étiquetés, à enca-
drer avec majesté des maximes morales sur de belles
feuilles de papier bla: c, et à les clouer aux murailles.
Sans refuser à la physiognomonie une certaine valeur, Humboldt déclara sans hésiter, au bout d'une
ou deux conversations, que la victime de Lichtenberg
était simplement un sot. Cette audace (il y en avait
encore à parler ainsi) fait honneur à son bon sens.

De retour à Berlin, G. de Humboldt est nommé sur-le-champ conseiller référendaire à la Chambre de justice; c'était inaugurer avec assez d'éclat ce qui est, selon l'avis de beaucoup de gens, la vraie vie de l'homme, la carrière des fonctions et de la fortune; c'était clore comme il faut le temps du vagabondage juvénile. Mais Humboldt ne l'entendait pas tout à fait comme ces sages personnes. Les choses étaient fort changées à Berlin; des édits très-oppressifs annonçaient le règne d'une administration mécanique et servile; la libre pensée était en disgrâce, la presse livrée à de scandaleuses persécutions; l'intolérance religieuse reprenait le dessus. A la place des philosophes du *vieux Fritz* triomphaient les Rose-Croix et les évocateurs d'esprits. Or, Humboldt n'avait pas traversé inutilement la France en révolution, et un tel régime eût suffi pour le dégoûter de ses fonctions, bien qu'il ne rencontrât quelque opposition que dans la magistrature indépendante. Mais, de plus, Humboldt voulait, en dépit des sages, prolonger encore son noviciat intellectuel; il s'était mesuré à un trop grand nombre d'hommes pour ne pas sentir ce qui lui manquait, et il avait besoin pour s'achever d'un recueillement incompatible avec les affaires. Ses amies d'autrefois s'étaient alors, fort à propos, mis en tête de le marier. Mᵐᵉ de Beulwitz, plus tard de Wolzo-

gen, sœur de la fiancée de Schiller, Charlotte de
Lengefeld, se chargea de l'établir; ce service était
bien dû à l'aimable collègue d'autrefois, à l'initié du
cercle de Mme Herz. Elle proposa bientôt à G. de Humboldt une charmante enfant, fille de M. Dacherœden,
président d'une chambre de justice à Erfurt, et parent du coadjuteur Dalberg. Humboldt reconnut en
elle, quand il la vit, plus qu'il n'avait attendu, et il
se trouva, au mois de juillet 1791, marié le plus
heureusement du monde, sans presque avoir eu la
peine de s'en mêler. Il renonça aussitôt à la facile
carrière où il n'avait qu'à marcher, et il se retira dans
une terre de sa femme, à Burgœrner, près de Mans-
feld, pour se refaire écolier ; mais maintenant il avait
une élève.

Ici s'ouvre dans l'histoire de Humboldt une ère de
recueillement laborieux, de méditations sereines, de
sécurité intérieure, comme s'il vivait à l'une de ces
époques rares, où le monde, solidement assis, goûte
et assure à tous une paix incontestée. Ce sont pourtant les années de la Révolution ; il n'est plus permis
de croire que ce qui embrase la France soit un incen-
die domestique ; toute l'Europe se sent en péril, Burke
et bien d'autres ont jeté le cri d'alarme, d'effroyables
justices s'accomplissent en France et menacent d'être
portées plus loin ; un duel, dont l'issue incertaine peut

être la catastrophe de toute la génération vivante, a commencé ; et l'on peut suivre G. de Humboldt pendant près de dix ans sans se souvenir que tout cela se passe à côté de lui ; les événements l'occupent un instant comme un document nouveau pour ses études politiques, comme un thème à ses réflexions, puis il n'y pense plus. Un roi est tué par son peuple. C'est à peine si, dans une lettre toute littéraire, Humboldt mentionne en courant cette *nouvelle*. On se demande si le personnage à ce point étranger au drame de son temps, est un philosophe ou bien quelque homme d'université, incapable de voir et d'entendre, plongé qu'il est jusqu'aux oreilles dans un océan de pédanteries verbales. Qu'on suspende toutefois son jugement jusqu'à ce qu'on ait vu si cet oubli volontaire, qui n'est pas de l'indifférence, ne tiendrait point à une conception de la vie, peut-être erronée, mais certainement très-réfléchie et très-élevée.

A ce moment, Humboldt se meut dans un cercle de relations nouvelles. C'est d'abord Wolf, le grand philologue, le professeur de Halle, qu'il avait connu dans la maison Dachereden ; sous l'impulsion de Wolf, Humboldt voyage à la découverte à travers l'antiquité grecque et en approfondit les plus belles parties ; il tient le maître au courant de ses études, heureux quand, pour réponse à ses lettres pleines de défé-

rence, Wolf daigne lui envoyer quelque indication
philologique, discussion de texte, notice grammaticale
ou autres menus suffrages ; Humboldt recueille avec
empressement ces feuilles précieuses dans un bel al-
bum sur lequel il écrit en grosses lettres : WOLFIANA.
Ce commerce se ralentit quelquefois, mais ne cessa
jamais, et lorsque Humboldt, devenu ministre, eut
créé l'Université de Berlin, Wolf fut encore un des
premiers qu'il songea à y appeler. Une autre relation
du même temps, c'est Dalberg, coadjuteur de l'évêque
de Mayence auquel il devait succéder ; Dalberg était
un parent de Mᵐᵉ de Humboldt, qui jouait volontiers
le Mécène littéraire, en attendant qu'il lui fût permis
de faire dans son futur évêché le Lycurgue, ou plutôt
le Joseph II au petit pied ; mais les événements de-
vaient lui épargner cette épreuve, et lui réservaient
sous l'Empire un rôle moins héroïque. Vif et super-
ficiel, protecteur et vaniteux, pour le moment il stimule utilement Humboldt, et ne demanderait pas
mieux que de l'absorber, si celui-ci était d'humeur à
se laisser faire.

La liaison de Humboldt avec Schiller marque une
heure décisive dans la vie du premier. Cette liaison
n'a pas, comme celle de Schiller et de Gœthe, l'importance d'un événement national ; mais, si elle est
moins illustre, elle est peut-être plus intime. Pendant

quelque temps, c'est plus qu'une amitié, c'est un mariage d'esprits, où celui de Schiller remplit bien entendu la fonction mâle, mais reçoit en revanche les secrets encouragements dont, en de certaines crises, le plus fort lui-même a besoin. L'époque classique de l'Allemagne présente un phénomène bizarre, dont l'histoire littéraire ne renferme pas peut-être un second exemple. Des œuvres de génie sont soumises avant leur naissance à une délibération en commun, comme s'il s'agissait d'une constitution à bâcler ou d'un nouveau dogme à faire passer dans un concile ; les créations les plus spontanées sont préméditées, comme le serait un complot, en présence de tout un comité consultatif ; l'explosion rénovatrice des plus hardis chefs-d'œuvre est précédée d'un conseil de guerre et annoncée par mainte escarmouche ; les aigles soumettent leur vol à une discipline, les lions s'en vont, ainsi que les caravanes, dans des sentiers prescrits. La voix de Humboldt compte souvent dans ces conseils. Schiller, desséché alors par la philosophie comme une vigne atteinte par la gelée, mettait lui-même en question sa vocation poétique ; Humboldt fait renaître en lui la confiance. À peine rassuré, Schiller hésite encore entre l'épopée et la poésie dramatique ; Humboldt, boussole infaillible, indique à son génie la scène comme le domaine qui lui appartient.

Nous savons ce qu'étaient l'un pour l'autre Schiller
et Humboldt, par leur correspondance que Humboldt
lui-même a publiée (1), en érigeant à son ami un
impérissable monument ; il lui a suffi pour cela de le
peindre tel qu'il l'a vu aux heures d'inspiration. Ils
étaient rapprochés par des analogies de caractère et
d'esprit ; en tous deux dominait pareillement une
pente vers la spéculation, jointe à un profond sentiment de la vie concrète. Mais il existait entre eux une
différence qui les place dans deux sphères entièrement
distinctes : Schiller créait sans cesse, transformait
tout en œuvre, recevait en lui du hasard un germe
impalpable et produisait une forêt ; Humboldt était
un réservoir vaste et limpide, capable de réfléchir
tout le firmament, et où croissait secrètement plus
d'une plante, mais qui ne pouvait monter à la surface,
et qui ne se montra jamais qu'à demi.

Pour jouir plus complétement de Schiller, Humboldt
vient s'établir avec les siens à Iéna, et il y demeure,
en deux séjours successifs, près de deux ans. Là les
deux familles vivent sans cesse mêlées l'une à l'autre ;
Schiller et Humboldt se voient plusieurs fois par jour.
De temps en temps Gœthe vient de Weimar verser
dans ces entretiens sa corne d'abondance et ouvrir
ses perspectives lointaines et tranquilles. Quelques

(1) En 1830.

autres encore, savants, poëtes ou critiques, sont quelquefois admis, et, par intervalles, Alexandre de Humboldt, qui n'était pas encore le sceptique peu décent
qu'on a connu depuis, apporte les richesses de son
esprit et de sa mémoire. Des Français se représente-
ront malaisément ces conversations qui ne vivent pas
de saillies, d'anecdotes, d'esprit, de gentillesses, et
qui n'effleurent pas de parti pris tous les sujets, qui
ne sont pas davantage des monologues éloquents à la
façon de Diderot ou de M*** de Staël, mais plutôt une
méditation alternative, une création instantanée de
pensées sous l'action réciproque d'intelligences qui
vibrent à l'unisson. Cela n'exclut pas du reste la gaieté,
le sourire, la fantaisie, mais à condition que ces fu-
sées ne brillent qu'un instant et ne prétendent pas
remplacer le soleil. C'étaient là pourtant de belles
soirées; tout y était traité de ce qui peut intéresser
l'homme, tout excepté la politique; ou plutôt il s'y
faisait une politique supérieure qui avait la culture
humaine pour objet et l'art pour moyen immédiat.

Le commerce des hommes de génie n'altère pas
l'intégrité d'une nature vraiment originale, et ne va
pas non plus jusqu'à annihiler l'éducation première;
mais il élève les âmes hautes, il fortifie les forts. Avec
Schiller, Humboldt s'est évidemment accoutumé à se
fier à l'impression poétique des choses pour les inter-

prêter ; avec Gœthe il a appris l'observation désinté-
ressée et amoureuse de tout ce qui vit ; il est donc
leur disciple. Aussi, lorsqu'il fut de retour à Berlin,
il ne s'entendait plus avec ses anciens amis. Il est sur-
prenant de voir combien les littérateurs s'immobilisent
facilement, et comment, sans qu'ils s'en doutent, les
précurseurs d'hier deviennent les traînards de demain.
Les braves gens de Berlin se croyaient toujours les
héritiers de Lessing, ou, si l'on aime mieux, ses exé-
cuteurs testamentaires ; ils se croyaient fidèles à sa
volonté dernière en se vantant de ne rien comprendre
à la littérature nouvelle ; l'innovation pour eux était
folie et même sacrilége. Humboldt, peu prédicateur
de tempérament, n'essaya pas de faire chez eux de la
propagande. Il se tourna vers une petite société nouvelle, où on l'entendait mieux : là brillait la célèbre,
l'adorée, la regrettée Rachel Lewin, génie brouillé
d'afféterie, qui lançait un petit jet intermittent de va-
peur blanche qu'on prenait pour un éclair, femme
jusqu'au bout des ongles, ayant assez de l'homme
pour déconcerter la galanterie, railleuse, malicieuse,
sentimentale, au demeurant personne d'une trempe
rare, avec qui Humboldt ne pouvait manquer de se
plaire. Mais nul dans cette société ne lui agréait plus
que Gentz, frivole, élégant, qui avait la routine du
monde, peu de portée, moins de caractère encore,

2.

fonds stérile, mais intelligence prompte à saisir et à s'approprier, raisonneur plein de feu, publiciste passionné, penseur à rebours du bon sens. Il avait un mérite, qui compensait tous les défauts aux yeux de Humboldt, celui de s'être laissé inoculer par lui le culte de Schiller; il cherchait à imiter son style, il écrivait une *Histoire de Marie Stuart* pour faire le pendant de la *Révolte des Pays-Bas*, et il annonçait un panégyrique du grand poëte.

Malgré ces amitiés nouvelles et malgré toutes les ressources que récèle une grande capitale, Humboldt, après une vie telle que celle d'Iéna, dut bientôt se fatiguer de Berlin. Déjà il avait formé maint projet de voyage, et il se proposait alors une existence singulière pour un homme de réflexion et d'étude, c'était de tenir le milieu entre un établissement fixe et un déplacement perpétuel. On peut voir là l'effet de certaine humeur ambulatoire, mais cette humeur procédait elle-même de la conviction qu'il faut voir les choses et les hommes, les œuvres d'art et les coutumes dans leur milieu naturel pour les bien comprendre; les voyages n'étaient encore qu'une méthode d'instruction. S'il l'avait pu, il serait parti pour l'Italie, son rêve depuis longtemps caressé, comme elle est celui de tout écrivain allemand qui débute; il alla même jusqu'à Vienne avec l'intention de passer les

monts avec son frère ; mais l'Italie était redevenue le
théâtre de la guerre ; il fallut ajourner ce pélerinage.
Enfin, après avoir promené quelque temps son inquiétude (je ne dis pas son ennui, Humboldt ne s'ennuya
jamais) dans le nord de l'Allemagne, il se rendit à
Paris avec sa famille. Sa vie s'y partagea entre les
musées, les bibliothèques et le monde ; sa maison,
dont M⁰ᵉ de Humboldt faisait les honneurs avec une
grâce extrême, fut un point de ralliement pour les
Français et les Allemands. De vieilles connaissances
de Berlin et d'Iéna, de jeunes Allemands, qui seront
bientôt célèbres, Schick et Tieck ; des érudits, Villoi-
son, Millin, Du Theil, Sainte-Croix, Corai, Chardon
de la Rochette ; des savants, dont il doit la connaissance à son frère, Lalande et Cuvier ; des artistes
comme Forestier et David, se rencontrent dans son
salon ; ces gens, divisés d'ailleurs sur beaucoup de
points, mais un instant réconciliés par fatigue, forment
une société tout intellectuelle, qui offre une image
assez vraie, par ses meilleurs côtés, de la société du
Directoire. Au milieu de cette société qui pourrait
faire croire à une vie distraite, Humboldt étudie, médite de grands travaux, poursuit sous main d'anciens
desseins. C'est encore pour préparer l'exécution de
ces mêmes plans, qu'en 1800 il parcourt l'Espagne
avec sa famille, fouille les collections d'art et d'érudi-

tion, et que, l'année suivante, il y retourne pour compléter ses recherches, pour recueillir des informations plus profondes auxquelles il n'était pas préparé la première fois. Bientôt le voilà encore une fois à Berlin, mais non pour y rester. On croirait par moments, mais ce serait une supposition assez hasardée, voir un homme qui cherche à tromper par cette agitation incessante quelque amertume secrète, causée peut-être par le triste spectacle de la situation de la Prusse. On croirait que Humboldt va se reprendre d'intérêt aux choses politiques, qu'il est las de l'inaction, de l'étude libre et vagabonde, surtout quand on le voit demander un poste diplomatique qu'il obtient aussitôt.

Mais ce poste était celui de Rome, où M. le résident prussien n'avait autre chose à faire en ce temps-là qu'à gémir avec les cardinaux sur la commune infortune de la Prusse et de l'Église. Cette tâche, à laquelle Humboldt, j'en suis sûr, ne faillit jamais, n'était pas, on en conviendra, un service bien actif. Elle était secondaire autant qu'aisée pour Humboldt, affable et lettré, d'une tolérance et d'un respect extérieur pour les choses qu'il avait sous les yeux, proportionnés au dédain réel qu'elles lui inspiraient, ne se mêlant, ni pour en profiter, ni pour les entraver, aux intrigues qui sont toute la vie romaine, assez amoureux de Rome pour flatter sans menterie l'orgueil des Romains.

Pourtant, il avait la précaution de laisser voir à propos une griffe, habituellement inoffensive, quoique très-acérée, à la seule fin de tenir en respect ceux dont une débonnaireté trop grande aurait pu encourager l'impertinence. Au fond, il n'avait rien de commun avec ceux qui l'entouraient; Italiens de tout acabit, savants, princes, monsignors ou gens de lettres, ne le touchaient, aussi bien que les étrangers de passage, que par la surface, sans atteindre le cœur : il vivait en lui et pour lui.

Il avait voulu voir, il voyait, et ne se rassasiait pas. Rome s'emparait de lui par degrés, moins la Rome réelle que la Rome idéale, celle qui est pour la pensée le point de jonction du monde ancien et du monde moderne, le nœud qui rattache l'un à l'autre les deux âges de l'humanité occidentale. Humboldt avait un merveilleux don de métamorphose; il était devenu Parisien à Paris, il devenait, et bien plus complétement, Romain à Rome, mais sans cesser jamais de sentir et de penser à l'allemande, tant était enraciné en lui l'esprit national. On le voit bien, lorsque la mort de Schiller rappelle violemment son âme en Allemagne; il jette aussitôt un cri de regret de l'avoir quittée, il envie à Gœthe toutes les heures qu'il a passées avec Schiller, et il lui écrit : « Que de fois ai-je pensé depuis peu à la légèreté qui emporte fol-

lement l'homme loin de ce qui le rend heureux, et le
fait courir à l'aventure après quelque chose de nouveau ! S'il se représentait aussi vivement qu'il le devrait la profonde incertitude du sort, il ne se résou-
drait jamais à passer le seuil de la terre où il a pour
la première fois embrassé un tel ami. » Et pourtant
Rome le retient, et il y aurait volontiers passé sa vie.
Il y resta six années ; chaque jour songeant que les
événements qui se précipitent peuvent à tout moment
l'en arracher, il s'étudie à en jouir, il en tire tout ce
qu'il peut d'aliments pour sa pensée.

C'est là, dans cette Rome si parlante aux intelligences un peu mélancoliques, c'est à l'âge où les
épreuves ont commencé pour l'homme, où les pertes
se multiplient, où Humboldt se voit enlever coup sur
coup par la mort un enfant et un ami, c'est au bruit
redoublé des ruines que fait l'Empire, et qui, reten-
tissant jusqu'à lui, raniment dans son âme le sentiment un peu assoupi de la solidarité des individus et
des masses ; c'est alors que s'achève la culture personnelle qui l'occupe depuis si longtemps. Jusque-là
sa vie n'a été, on peut le dire, qu'une élaboration préparatoire, à laquelle ont concouru, avec la volonté,
ses relations et ses voyages : et c'est ce qui justifie,
je pense, les détails qui précèdent. On ne se développe,
il est vrai, que par le contact permanent de ses sem-

blables et des choses ; mais il arrive un temps où ce contact est moins efficace, où l'homme ne s'enrichit plus que de ce qu'il produit lui-même ; alors l'homme est mûr. Humboldt est arrivé à ce point de perfection. Nous allons le voir dans une nouvelle carrière, mêlé à des événements et à des acteurs de tout genre, carrière de concurrence et d'intérêts acharnés, bien différente de la pure région dans laquelle il s'est tenu jusqu'à présent. On n'y fait pas ce que l'on veut ; la sagesse et l'élévation d'esprit sont un secours insuffisant pour y réussir ; on ne triomphe dans cette lutte que lorsqu'on est l'allié secret de la fortune et le complice des passions les mieux armées. Celui qui les combat, ou même qui ne les partage pas, a toutes les chances contre lui.

Le 6 janvier 1809, il fut appelé à diriger la section du culte et de l'enseignement dans le ministère de l'Intérieur. Humboldt arrivait avec des forces fraîches et entières, et il se mit à l'œuvre avec cette fermeté naïve que la perspective de la défaite même ne semble pas capable d'ébranler : « Je ne crois pas, écrit-il à Wolf, que l'édifice s'écroule sur nous, si triste que soit l'aspect des choses. Mais il ne sert de rien après tout de s'en préoccuper, rien au contraire n'est plus nuisible. » La situation était grave en effet, la Prusse était à bas, sa force matérielle anéantie, tout secours étranger invraisemblable, ou plutôt impossible. Oser entrer dans la politique à un tel moment est certes un acte de témérité ou de dévouement ; mais les fonctions confiées à Humboldt étaient les seules qu'il pût en conscience accepter. De la Prusse de Frédéric le Grand, militaire et philosophique, la moitié n'était plus ; il fallait que le salut vînt de l'autre moitié ; la Prusse ne pouvait se relever, reconquérir son rang que par le développement intellectuel. C'était la pensée de Stein, l'opiniâtre adversaire du dominateur de l'Allemagne ; ce fut la théorie de Hegel, qui réduisit à cela les titres de la Prusse à l'existence et à l'hégémonie, quand il s'avisa de déterminer la place de l'État prussien dans la dialectique éternelle. Ce fut aussi la pensée de Humboldt en 1809 ; le corps de l'État était abattu, il fallait déchaîner dans ses membres la force morale. Voilà la tentative à laquelle il se consacrait.

Humboldt a été dur quelquefois dans ses jugements sur la Révolution française. Il en a moins compris l'histoire et la logique d'airain, qu'il n'en a saisi l'esprit, mal dégagé par elle-même, et au fond très-analogue au sien ; il savait ce que c'est que la liberté, et il l'aimait. Aussi voulut-il combattre sans trêve la révolution par un procédé parfait, qui serait le seul efficace, s'il n'avait l'inconvénient d'être impraticable, c'est de réaliser toutes les vues de la révolution par voie de réforme. C'est en ce sens très-spécial que Humboldt est à la fois conservateur et démocrate.

On abuse en ce siècle-ci des dénominations de parti, toujours trop générales, toujours à demi vraies, c'est-à-dire dangereusement équivoques, lorsqu'on les applique à une intelligence large et libre : ce sont des cadres rigides, où se rassemble facilement la masse des esprits dépendants, mais que le penseur fait éclater à chaque instant. Regardez à l'intérêt dominant de Humboldt pour l'instruction du peuple, à la confiance qu'il a dans la diffusion des lumières, comptez les mesures qui se rattachent à son administration, l'école aristocratique de Liegnitz transformée en un institut tout différent de caractère, la méthode de Pestalozzi favorisée et répandue, l'Institut normal du Suisse Zeller élevé et agrandi, l'Université de Berlin fondée sur un plan qui doit en faire le plus vaste foyer de science affranchie, peut-être rangerez-vous Humboldt parmi ceux qui font de l'intérêt des masses l'objet immédiat et la base de leur politique. Cependant, si l'on observe l'esprit de ces mesures et avec quel soin Humboldt se tient éloigné aussi bien de l'utilitarisme que d'une religiosité servile, on reconnaît qu'il vise à former une aristocratie, aussi nombreuse que possible, de caractères vigoureux, force et honneur unique des nations. D'autre part, il dispose libéralement, pour marcher à son but, des ressources de l'État; malgré les embarras financiers de la Prusse, il estime et déclare que les dépenses de son ministère sont la plus sage des économies, et il ne ménage pas les deniers publics. Cela est d'un homme qui ne songe pas à désarmer le pouvoir, d'un conservateur dévoué de l'autorité. Eh bien, la pensée dirigeante de Humboldt est au contraire de restituer à la nation elle-même toutes les fonctions qui l'intéressent directement. Le lendemain d'une chute presque mortelle de la patrie, dans une crise passagère, l'État peut donner le branle; ce n'en est pas moins un principe essentiel pour Humboldt de travailler sans relâche à ce que l'instruction publique, comme toute autre fonction sociale, subsiste par ses propres ressources et repose sur les libres contributions des citoyens. « C'est le moyen de mettre les organes vitaux à l'abri des coups qui atteignent le gouvernement. La nation s'intéresse bien plus aux écoles, lorsqu'elles sont, même sous le rapport pécuniaire, son œuvre et sa propriété; elle s'élève, elle se moralise elle-même, quand elle coopère directement à répandre les lumières et la moralité dans la génération qui grandit au milieu d'elle (1). » Cette dépos-

_____

(1) *Antrag zur Gründung der Universität in Berlin*, t. V, p. 330.

session graduelle de l'État est la plus radicale des révolutions.

Le ministère dont Humboldt faisait partie était un ministère d'expédient. Payer les créances de la France, vivre matériellement, était toute la politique d'Altenstein qui le dirigeait, et ce ministre n'eût pas reculé, pour satisfaire Napoléon, devant la honte de céder la Silésie, la conquête du grand roi. Humboldt, après avoir épuisé tout ce qu'il pouvait avoir de ressources, et creusé (avec combien d'efforts !) le commencement du sillon, n'avait qu'à se retirer. Lorsque M. de Hardenberg eut remplacé Altenstein, Humboldt fut nommé ambassadeur à Vienne. Il nourrissait au fond du cœur, et toute sa famille nourrissait comme lui un désir secret, c'était de retourner en Italie ; on parlait sans cesse italien dans sa maison ; les souvenirs de la *villa di Malta* et du *monte Pincio* revenaient dans toutes les conversations. Vienne était sur la route de Rome ; ce poste était d'ailleurs une sorte de sinécure. La Prusse et l'Autriche ayant l'une contre l'autre des griefs réciproques, toutes deux étant réduites pour lors à une impuissance pareille, Humboldt n'avait qu'à observer et à rendre compte, en attendant l'heure favorable pour opérer un rapprochement. Or il était très-propre à ce rôle. Si Hardenberg était le plus circonspect des ministres, Humboldt était le

plus discret des ambassadeurs , et M. de Metternich
aimait beaucoup la discrétion. Aussi Humboldt réus-
sit-il auprès de lui, aussi bien que dans les cercles
aristocratiques de Vienne. Il était content, et il se
félicitait de revenir et de s'adonner sans réserve à des
travaux commencés ; il avait devant lui des jours, des
mois, et, peut-être, des années de repos ; les caisses
étaient ouvertes, livres et papiers remplissaient déjà
son cabinet. Tout à coup, la catastrophe de 1812 le
surprend courbé sur ses cahiers, la trahison magna-
nime de Yorck éclate ; d'un bout à l'autre, la Prusse
frissonne et se réveille ; bientôt, sur l'appel du roi,
elle est sur pied tout entière, et Humboldt est obligé
de dire adieu au repos et aux études. Le voilà entraîné
pour six années dans le tourbillon des événements.

Le lendemain du soulèvement de la Prusse, Humboldt voit M. de Metternich, son bon camarade de la
veille, lui tourner le dos , s'abstenir de lui parler, le
traiter en inconnu ; il le voit en même temps redou-
bler d'assurances cordiales et dévouées vis-à-vis de
l'ambassadeur de France. Humboldt savait que M. de
Metternich était aussi incapable d'être gouverné par
un principe, que prêt à tout sacrifier pour un intérêt,
mais il n'ignorait pas non plus ses dispositions intimes
à l'égard de la France. Il eut la haute philosophie de
comprendre le jeu de l'Autrichien et de s'y prêter,

persuadé d'ailleurs qu'il ne pourrait durer bien longtemps. En effet, M. de Narbonne, à peine arrivé à
Vienne, évente le piége caché sous les amabilités de
M. de Metternich. Le *hasard*, en faisant tomber aux
mains de Napoléon des dépêches diplomatiques d'Autriche, achève de découvrir la vérité. On sait quelle
fut la fureur de Napoléon. Cette fureur était le meilleur auxiliaire que pût rencontrer Humboldt. Il devait
à l'art, patiemment pratiqué, de se taire et de s'effacer son premier succès, un commencement de rapprochement entre l'Autriche et la Prusse : il allait
bientôt le compléter.

Il faudrait raconter toute l'histoire diplomatique
des années qui suivent, pour marquer avec une exactitude rigoureuse l'influence qu'y exerce G. de Humboldt. On le trouve partout, il est plénipotentiaire à
Prague, négociateur à Francfort; il prend part à la
première et à la deuxième paix de Paris, au congrès
de Vienne, aux règlements territoriaux entre les États
allemands. On me dispensera de ce récit. Les luttes
mythologiques des divinités de l'Inde seraient plus
faciles et non moins intéressantes à raconter. Je ne
veux qu'essayer de reconnaître les sentiments que
G. de Humboldt, un penseur, un rêveur, un philosophe, un sage, porte dans cette partie complexe, où
les joueurs sont presque tous des dupes ou des grecs.

On se souvient de ce qu'est le congrès de Prague, une comédie représentée par des diplomates muets, une pantomime de gens qui ne se connaissent pas, qui ne se voient pas, qui ne se parlent pas, et qui sont chargés de négocier en commun une paix dont personne ne veut. Car Napoléon ne veut à aucun prix se refuser la joie de châtier la duplicité de l'Autriche; la Russie et la Prusse ne comptent que sur la guerre, et Humboldt en particulier écrit à la princesse de Radziwill que la paix à cette heure élèverait entre l'Europe et la liberté un mur d'airain plus difficile que jamais à renverser. Les plénipotentiaires, animés de pareilles dispositions, commencent par une guerre de plume. Les envoyés de Napoléon, Caulaincourt et M. de Narbonne, récriminent aigrement contre l'Autriche, ils insultent le représentant de la Russie, Anstedt, né Alsacien, et sujet français, qu'ils traitent de transfuge; ils n'ont d'égard, de politesse, de flatteries, que pour M. de Humboldt. Celui-ci répudie leurs avances, il repousse avec fierté la distinction qu'ils prétendent établir entre lui et ses collègues; désintéressement très-noble, mais très-habile aussi, puisque, le congrès rompu, l'Autriche est gagnée au parti de la guerre, c'est-à-dire au parti de la Prusse. On raconte néanmoins que Humboldt avait redouté jusqu'au bout un arrangement secret de l'Autriche

avec la France, et il ne fut, dit-on, rassuré que lorsque
la déclaration de guerre de la première, bien et dû-
ment signée et scellée, eut quitté la chancellerie.

Après la haute comédie, la farce. A mesure que les
armées approchaient des frontières de France, les
princes allemands, si heureux, si rogues même sous
la protection de Napoléon, accourent vers les alliés,
les appellent leurs libérateurs , protestent de leur
fidélité constante, offrent magnanimement leurs ser-
vices, bien entendu, moyennant payement. C'est Humboldt qui est chargé à Francfort d'écouter ces solli-
teurs ou leurs représentants, de les contenter, plus
souvent de les éconduire. Ces évolutions prévues,
puisqu'elles sont aussi anciennes que l'imbécillité
humaine , donnent toujours des scènes tristement co-
miques, dont Humboldt ne se fit pas faute de s'égayer.
Il y a souvent chez lui, même aux heures solennelles,
un fond de jovialité presque humoristique, qui est la
gaieté de la sagesse.

Alors, et même après le congrès de Châtillon, Humboldt ne croyait pas plus que ne le croyaient Metternich, Castlereagh, Hardenberg et Nesselrode, que les
alliés allassent jusqu'à Paris : la faculté de prophétie
sommeille quelquefois, même dans les hommes d'État.
On ne saurait déterminer la part précise qui revient
à Humboldt dans les mesures qui suivirent l'entrée

des alliés dans la capitale ; on ne saurait pas même
dire avec certitude quelles étaient ses vues en ce moment. Le fait est qu'il signa, comme tous les autres,
la paix de Paris, en désapprouvant toutefois la légèreté du premier ministre prussien, qui avait aban-
donné si facilement la question de la Saxe. Humboldt
devait avoir à regretter bien plus encore l'impré-
voyance et la faiblesse de Hardenberg.

Humboldt se borne trop facilement à des regrets.
Hardenberg avait de bons sentiments, mais encore
plus de vanité, et, dès qu'il était circonvenu avec
adresse, il ne sentait sa puissance qu'en faisant des
concessions qu'il croyait spontanées. Un homme d'é-
nergie, qui l'aurait surveillé et soutenu dans ces mo-
ments-là, en eût fait l'instrument docile de ses propres
idées. Il y avait chez Humboldt une fermeté réelle,
en ce sens qu'il était incorruptible à l'intérêt ou au
sophisme ; mais cette fermeté était celle du philosophe,
non de l'homme d'État, il était d'or et non de fer. Il
avait ressenti le contre-coup de l'explosion de 1813 ;
sa femme avait suivi, heure par heure, l'angoisse et
l'enthousiasme dans l'âme, le progrès de l'émancipa-
tion ; son vieil ami Kœrner était tombé l'épée à la
main ; son fils, Théodore de Humboldt, avait quitté
l'Université de Heidelberg pour entrer à l'armée et
avoir aussi des cicatrices à montrer : tout cela avait

exalté son patriotisme, mais sans lui donner l'obstination de volonté qui suppose l'ambition de réussir.

C'est ce qu'on voit parfaitement à Vienne. Il n'est dupe d'aucune apparence, d'aucun mensonge ; il sait où est le bien, il le défend, il le montre, et il finit par céder. La définition commune du diplomate a été formée sur une espèce d'hommes, qui n'ont pas précisément l'élévation d'âme et la rigidité de conduite pour vertus dominantes, mais qu'il ne faut pas croire non plus trop ordinaires : leur talent consiste à jouer avec les hommes, comme avec des machines que l'intérêt apparent et la passion mènent infailliblement. Ce talent implique presque toujours une volonté assez forte, et n'exclut pas l'attachement à une certaine cause ; mais le succès de cette cause est la seule moralité qu'ils connaissent ; l'intrigue et la ruse sont le seul moyen qu'ils emploient, moyen qui varie nécessairement selon les circonstances, en sorte que la versatilité, sous le nom de souplesse, et l'élasticité, sous le nom d'obéissance à la nécessité, font partie intégrante de ce génie diplomatique. Talleyrand est un type très-connu de cette catégorie ; Metternich en est un autre, qui, comme homme, n'est ni bon ni mauvais, et qui a pour toute conscience la préoccupation de l'intérêt autrichien, tel qu'il le conçoit, pour tout génie la certitude que les passions d'hier seront les passions de demain, et l'art de les exciter à propos ou de les mettre aux prises.

G. de Humboldt peut passer, comme ceux que je viens de nommer, pour un artiste de premier ordre en diplomatie, mais il est d'une espèce absolument différente. Il a les formes gracieuses et séduisantes, si appréciées dans un diplomate ; néanmoins, son génie n'est pas l'intrigue, c'est la discussion. Accoutumé à tous les enchevêtrements de la pensée, il n'est pas arrêté par ces affirmations, dont la vérité grossière, dont l'apparence spécieuse font la fortune, et qui passent en un jour au rang des adages incontestés. Il distinguera avec une finesse qui n'a pas peur d'être subtilité. Il discernera parmi les replis de la parole les intérêts cachés, les vues éloignées, les erreurs, les faux calculs, il sera inépuisable en objections.

On comprend très-bien pourquoi Talleyrand aux abois définissait Humboldt le sophisme incarné. Mais Humboldt portait une armure sur laquelle s'émoussaient les pointes françaises, à savoir, une logique impossible à déconcerter. Il était froid et clair comme un soleil de décembre. Et puis, il était homme à repousser une attaque, dès qu'il le voulait ; il avait un talent pour saisir le ridicule et pour manier le sarcasme, qui l'aurait rendu redoutable, s'il lui avait plu d'être redouté. Trop maître de sa parole, trop litté-

raire, trop naturellement délicat pour blesser impru-
demment, il savait approprier tellement son discours
à l'interlocuteur, que celui-là seul était atteint ; il
pouvait se faire des ennemis, il ne pouvait pas provoquer une colère légitime. Il s'en fit quelquefois. Peu
de temps avant la fin du congrès de Vienne, à la suite
d'une de ces réponses glacées qui irritaient quoiqu'elles ne fussent pas une offense, il eut un duel avec
le ministre de la guerre de Prusse, M. de Boyen ;
procédé qui ne déplaît pas, bien que les experts en
dignité diplomatique puissent le trouver peu séant.
On aime qu'une âme spéculative, un métaphysicien
soit à son aise, et fasse aussi bonne contenance qu'un
soldat dans ces défilés scabreux. Qu'on joigne à cela
un don de rédaction extraordinaire, une activité qui
suffisait même aux fêtes, une facilité d'intelligence qui
faisait l'admiration de ses collègues, même français,
et l'on aura une idée des qualités de Humboldt comme
négociateur.

Mais voici où se rencontre la grave lacune qui pa-
ralyse ses qualités. Satisfait d'une victoire intellectuelle, il est trop peu jaloux du gain matériel. D è
qu'il s'agit de conclure par un fait, il fléchit co mme
si ce fait n'intéressait que lui, il montre à l'éga rd du
résultat une abnégation très-égoïste. Il n'ava it pas la
passion invincible qui fait réussir un plan ; il péchait

par un défaut d'entêtement et d'humeur agressive.
C'est qu'avec une fidélité inviolable au devoir, il avait
un assez grand scepticisme à l'endroit des combinaisons sociales, estimant qu'elles n'importent pas beaucoup à l'homme en lui-même. Certes, être vaincu en
intrigue par M. de Talleyrand, n'est pas une honte
pour G. de Humboldt; toutefois, quand on a mission
de stipuler pour des nations, on n'a pas le droit peut-
être de tant dédaigner le succès. Il est douteux qu'un
homme, si exclusivement épris de l'esprit, puisse jamais lutter avec avantage contre ceux pour qui les
choses sont tout. Quiconque ne mesure pas un peu la
force à son effet, et n'apprécie pas dans une certaine
mesure les intentions d'après le résultat, est exposé,
je le crois, à des illusions périlleuses, et sur la voie
d'une sophistique morale qui a aussi son danger.

Voilà pourquoi Humboldt n'eut pas au congrès de
Vienne l'autorité qu'il lui était très-permis d'usurper
auprès d'un homme tel que Hardenberg, également
incapable de remplir et de céder la première place.
Voilà pourquoi il déploya en pure perte des qualités
éminentes, pourquoi il échoua ou plia sur les points
qui lui tenaient le plus au cœur, par exemple sur
celui de la constitution de l'Allemagne. Deux choses
dominaient tout dans la pensée de Humboldt : faire
une Allemagne véritable pour prévenir le retour des

calamités éprouvées, et, pour faire une Allemagne, assurer la liberté contre l'arbitraire. Mais quoi ! il s'agissait dans cette question de concilier des intérêts inconciliables ; les prétentions furent opposées aux prétentions, les projets aux projets, les utopies aux utopies, l'unité à la dualité, la pentarchie à la confédération ; la volonté de Jupiter n'eût pas été capable peut-être de mettre un terme à ces conflits ; on y serait encore sans le débarquement de Napoléon à Cannes. On bâcla le lendemain une transaction bâtarde, et Humboldt, qui n'avait pas la volonté de Jupiter, consentit comme tout le monde, en se donnant la consolation de motiver son consentement.

La seconde paix de Paris est pour la Prusse et pour Humboldt une déception, qu'il ne prit pas tout à fait avec son calme accoutumé ; il s'aperçut alors qu'il ne fait pas bon, quand on se mêle de politique, mettre dans sa pensée le résultat à un rang si subordonné. Le trop d'ambition fit tort à la Prusse ; ils venaient tous, princes, armées et diplomates, avec un appétit très-impatient de recevoir leur part de la conquête ; ils furent tout surpris de rencontrer dans Alexandre, que conseillaient Capo d'Istria et Pozzo di Borgo, dans Wellington, lié avec Fouché et Talleyrand, moins de dispositions qu'ils n'auraient espéré à mettre la France en quartiers. L'attitude de la soldatesque prussienne compromettait au plus haut point l'intérêt de la Prusse et désolait Humboldt. Un petit fait donnera l'idée de cette brutale exaspération. Il y avait un dîner diplomatique au *Rocher de Cancale*. Blücher, Gueisenau et autres entrent dans la salle ; à peine sont-ils assis que Handegen, une vieille moustache grise, commence à déblatérer contre tout le monde, présents et absents, et se tournant tout d'un coup vers Humboldt : « Ma foi, MM. les diplomates auraient bien fait de rester chez eux à planter leurs choux; ils vont encore une fois tout gâter. » Il s'ensuivit une lutte de paroles entre Humboldt et celui qui l'interpellait, le soldat soulevant une massue, le diplomate maniant un poignard aiguisé. On s'entendit pourtant, et l'on finit par trinquer à la bonne harmonie. Mais Humboldt avait là de fâcheux compagnons.

Je m'abstiendrai de récriminations qu'au point où nous sommes un patriotisme vindicatif commanderait peut-être d'élever contre les Prussiens et contre Humboldt lui-même ; je m'en abstiendrai, parce que je n'ai pas plus de reconnaissance pour la Russie et pour l'Angleterre que de rancune contre la Prusse, parce que la guerre ne se fait pas la balance à la main, mais le glaive au poing et la colère au cœur, parce qu'enfin je ne connais guère de vainqueur qui n'ait abusé de la victoire. Un mémoire composé par le

comte Capo d'Istria, corrigé par l'empereur Alexandre, soutenu par une note de Talleyrand, approuvé
par Wellington et Castlereagh, concluait que le trône
des Bourbons solidement établi, certaines garanties
morales et matérielles données aux alliés, étaient de
bien meilleurs moyens d'assurer le repos de l'Europe
qu'aucune mutilation de la France. Humboldt voulait
au contraire mettre la France, par la cession de ses
places fortes et d'une portion de son territoire, en tel
état qu'elle ne pût rien entreprendre, et il combattit
le mémoire de Capo d'Istria, il le combattit avec un
ton d'énergie, avec une résolution bien éloignés de la
couleur un peu effacée de ses autres travaux diplomatiques. Je ne sais si les rigueurs de Humboldt ne
sont pas préférables aux ménagements de beaucoup
d'autres ; à cette époque, Humboldt est vraiment passionné, mais il n'est pas injuste. Ce n'est pas l'organe
de la révolution qu'il veut frapper dans la France,
c'est une machine terrible et toujours préparée pour
la main d'un despote qu'il voudrait détraquer. Aussi,
en voyant une lutte si longue aboutir à des arrange-
ments sans prudence, dictés par l'intérêt et non par
la justice, il déverse ses railleries les plus mordantes
sur le système des grandes alliances, sur la théorie
des quatre puissances, sur Castlereagh, Claugarty,
Wellington, Metternich. Il paraît qu'au moment de

conclure cette Sainte-Alliance, qui, sous l'influence
d'une femme illuminée, faisait du christianisme une
intrigue et de la politique un roman, Alexandre exigea de Frédéric-Guillaume la promesse qu'il garderait
jusqu'à la fin le secret vis-à-vis de Humboldt; il crai-
gnait par un instinct très-juste de rencontrer dans
celui-ci un censeur incommode, ou, qui pis est, un
adhérent ironique. Cette crainte, parfaitement fondée,
commente avec éloquence la conduite de Humboldt.

Les années suivantes sont à peu près partout l'histoire d'engagements méconnus, de promesses dés-
avouées, de terreurs sincères ou feintes pour motiver
une réaction violente, d'institutions faussées par les
uns, vainement défendues par les autres. Humboldt,
fidèle à lui-même, reste jusqu'au bout parmi les pro-
moteurs de la liberté. Le chancelier de Hardenberg,
moitié par faiblesse d'âme et décrépitude d'esprit,
moitié par attachement au pouvoir, se laisse entraîner
par un esprit rétrograde, que Humboldt, malgré ses
vieilles relations avec le chancelier, combat de toutes
ses forces au conseil d'État. Bientôt, cette opposition
quotidienne, inflexible, dont le bruit transpire au dehors, fait à Humboldt une popularité qu'il ne cherchait point, et le désigne dans l'opinion publique pour
successeur de Hardenberg. Hardenberg crut prudent
de l'éloigner et le fit nommer ambassadeur à Londres.

Humboldt aurait préféré de beaucoup l'ambassade de Paris, qu'on lui avait promise. Les sentiments de Humboldt à l'égard de la France sont ceux qu'elle inspire encore à beaucoup d'Allemands : ils ne l'aiment pas comme ils aiment l'Angleterre, dont on peut admirer les institutions, si libres, si marquées, si locales, sans crainte qu'elles s'imposent à personne ; ils ne l'aiment pas comme l'Italie, dont les arts, les splendeurs évanouies, la personnalité si forte jusque dans sa déchéance, sont un aliment perpétuel pour les natures idéalistes ; il y a dans l'esprit français, dans la constitution sociale de la France, dans ses institutions, même quand elles sont libres, quelque chose de mécanique et d'envahisseur qui repousse les Allemands, et qui était particulièrement antipathique à G. de Humboldt. Mais aussi il règne à Paris une fièvre de recherches, d'études, de travail, un va-et-vient d'esprits, une communication électrique de passions intellectuelles et d'idées, je ne sais quoi, en un mot, qui irrite mais qui captive, et qui fait de Paris à beaucoup d'Allemands une résidence nécessaire. C'est là ce qui faisait désirer ce poste à Humboldt : par malheur on jugea que sa présence déplairait en rappelant trop vivement le souvenir d'une paix humiliante. L'absence de tout ce qu'il aurait trouvé à Paris lui fit de Londres un exil. Aussi, malgré les hautes amitiés qui l'y avaient accueilli, celle du prince régent, celle de lord Aberdeen, il quitta l'Angleterre dès l'année suivante et rentra en Allemagne dans l'automne de 1818.

Alors commençait justement la série de ces congrès, qui ressemblent à des complots, d'Aix-la-Chapelle, de Troppau, de Laybach, de Vérone, congrès déjà projetés à Paris en 1815 et destinés à consommer dans le sens de l'absolutisme le grand ouvrage de la pacification de l'Europe, c'est-à-dire à comprimer et à éteindre tous les sentiments de liberté. La France était vaincue, mais la Révolution ne l'était pas. Le patriotisme populaire avait toujours paru à l'Autriche et paraissait maintenant à la Prusse une forme de jacobinisme qu'il était urgent d'étouffer, car il traînait à sa suite les aspirations les plus subversives. Les excentricités généreuses de la jeunesse, la fête de la Wartbourg, le fanatisme de Sand donnaient ou allaient donner de nouveaux prétextes à tous les manquements de foi. Jeté dans cette forêt de desseins tortueux, souterrains, Humboldt conserve intacte sa rectitude d'idées et de sentiments; il demeure ferme dans sa politique de liberté. Il tenait trop de place dans l'opinion pour qu'on ne lui en fît pas une au ministère; Hardenberg s'y résigna, en lui donnant, avec un siège et une voix dans le cabinet, une branche du ministère de l'intérieur à laquelle se rattachait la question de la constitution de la Prusse. Humboldt travaille activement : ce n'est plus, il est vrai, la belle confiance du début, c'est une résistance hardie, désespérée. Le moyen de s'occuper avec foi d'une constitution, tandis qu'on avise à Carlsbad aux moyens d'arrêter les derniers battements des cœurs libres, qu'on efface les dernières promesses, qu'on livre l'Allemagne à la police? Il ne reste qu'à élever la voix contre ces résolutions « honteuses, antinationales, faites pour soulever un peuple intelligent». Humboldt ne manque pas à ce devoir, il demande la mise en accusation de Bernstorff, qui les avait signées, il présente au roi, avec MM. de Beyme et de Boyen, des mémoires pour les faire abroger. Mais l'heure de la victoire est passée, il ne combat plus que pour l'honneur, et le 31 décembre 1819, renvoyé sur la demande de Hardenberg, il se retire en refusant la pension qu'on lui offrait. Ajoutons toutefois qu'il n'avait pas à se plaindre d'ingratitude à son égard, que rien ne lui avait manqué, ni décorations, ni honneurs, ni dotations même : en 1817, il avait reçu à ce titre le domaine seigneurial d'Ottmachau, dans la principauté de Neisse en Silésie, qu'il avait choisi lui-même. Humboldt était désintéressé, mais ne prétendait pas à l'héroïsme.

La carrière politique de Humboldt est terminée. Sa disgrâce, tempérée par l'amitié du roi et l'estime

générale, n'en est pas moins réelle. Ses lettres sont
ouvertes comme celles d'un complice de la Révolution.
En 1823, M. Witzleben, successeur de MM. de Hardenberg et de Voss, demande en vain son rappel :
l'adversaire obstiné de tant de mesures oppressives
est un homme dont on n'est pas sûr. On ne peut regarder comme une carrière nouvelle sa réintégration
au conseil d'État après 1830. Le lendemain d'une révolution dont on redoutait le contre-coup et dont on ne
pouvait mesurer les conséquences, ce rappel était
moins une réparation qu'un calcul, une exploitation
de sa popularité, une caresse à l'opinion, un essai de
libéralisme à petite dose.

Si l'on observe de près la vie de G. de Humboldt, on
s'apercevra que, malgré son dévouement sincère à la
presse et à la liberté, la politique a été pour lui, comme
l'avaient été ses relations illustres et ses voyages, un
moyen d'étendre ses idées, l'éducation virile continuée
sur le terrain des événements ; tout se résout chez lui
en un progrès intellectuel. Au fond, sa foi dans l'efficacité des artifices d'organisation politique est très-
limitée, qu'ils aient pour origine les décisions légales
de la diplomatie ou qu'ils soient les créations impro-
visées d'un peuple en révolution ; la durée éphémère
des combinaisons opérées sous ses yeux et avec son
concours n'a pu qu'augmenter sa défiance. Le déploie-

ment de l'individualité morale dans une atmosphère
de liberté a été tout pour lui, et cette atmosphère ne
se crée pas tout d'une pièce dans la rue ou dans un
atelier d'hommes d'État.

Cette demi-indifférence aux formes politiques est
souvent attestée par sa conduite ; elle fait, avec certaines qualités de son caractère, qu'il n'est pas un
véritable homme politique. L'homme d'État est, si je
ne me trompe, d'une plus grosse étoffe ; il hait et il
aime avec force, il estime et il méprise de toute son
âme, il est ambitieux, il est amoureux du but. Un philosophe avec toute sa sagesse fera toujours une
pauvre figure sur le trône ou au timon des affaires en
face des passions acharnées ou infatigables. Il est bon
assurément d'avoir le sentiment du possible et de
savoir plier devant cette raison décisive, la nécessité ;
mais il est sage quelquefois de savoir être vaincu par
elle dans le présent pour la vaincre dans l'avenir.
J'oserais dire encore, si j'en croyais l'histoire des
personnages politiques qui ont réussi, que c'est un
terrible embarras et une grande imperfection de porter
trop loin le soin de sa propre conscience et d'être incapable de sacrifier sa délicatesse morale à la cause
embrassée, en un mot que c'est peut-être une habileté
que de savoir au besoin hasarder une folie et fouler
aux pieds dans l'occasion ses scrupules ; lorsque la

vérité a vaincu, elle a presque toujours dû sa victoire
à des moyens scabreux et équivoques. Ceux que cela
épouvanterait feront bien de ne pas se fourvoyer
dans les choses de gouvernement, ou de se préparer
d'avance à une inévitable défaite.

On sait assez, je pense, que Humboldt n'est pas de
ceux qu'une retraite forcée prend au dépourvu; un
asile, que son âme n'a jamais quitté, l'attend et lui
tient en réserve, non des compensations, mais les
heures les plus impatiemment attendues. A s'arrêter
à la surface, on le croirait tout entier aux affaires et
au monde. A Rome, toujours accessible et prêt à
toutes les distractions, comme si son temps n'avait
aucun prix ; à Vienne, causeur brillant et écouté dans
les salons princiers ; à Ratiborvitz, chez la duchesse
de Sagan, en pleine année 1814, convive assidu à la
table de quatre souverains ; à Paris, où il soutient les
charges d'un salon très-fréquenté, au milieu de l'existence la plus tumultueuse, il y a toujours dans ses
journées une part qu'il ne donne à personne ; elle est
à l'étude, à la pensée, et à sa famille. Il écrit de Vienne
en 1812 : « Rubens, dans ses ambassades, trouvait le
temps de peindre de grandes toiles, moi je trouve celui
de faire mille choses et j'en profite : » de Prague en
1813 : « Je lis Homère et je vois des Cosaques ; » de
Francfort en 1814 : « Je traduis l'*Agamemnon* ; » de

Fribourg en 1815 : « Je passe mes soirées avec les anciens. » Quand on l'a suivi dans les réunions officielles, dans les salons bruyants, il faut se le représenter encore penché sur quelque vieux poëte, ou lisant avec sa femme, Homère en allemand, ou Ovide en latin. Les affaires l'avaient trop souvent, trop longtemps tenu séparé des siens, de Mme de Humboldt, cœur dévoué, intelligence supérieure, qui exerçait dans les affaires politiques sur son mari une influence dont il ne faisait pas mystère : « Je sais, écrivait-il à Stein, ce que j'ai dû à ses conseils, à son esprit, dans les terribles années de 1813 à 1819. »

Rendu à ses études et à sa famille, Humboldt rentre dans son naturel. C'est de là que partira l'action considérable qui lui appartient dans le travail du xixe siècle. Ainsi se confirme, par son exemple même, une des idées pivotales de sa pensée et de sa vie, c'est qu'il n'est pas besoin de marquer sa trace dans le monde par des changements matériels, par une influence physique et directe, par des victoires remportées comme le soldat, par un accroissement de richesse publique comme l'industriel, par de nouveaux rapports établis entre les États comme le diplomate, par des réformes dans les lois comme le ministre, ni même par un enseignement immédiat comme le savant, pour remplir la fonction dont la nature investit

chacun de nous. Que tel homme ait existé et se soit
développé puissamment, c'est assez pour que de
proche en proche son influence invisible se propage et
dure, pour que son nom, fût-il oublié, n'ait point passé
en vain sur la terre.

II

LES ÉTUDES.

Il importe premièrement que l'individu se constitue lui-même; l'homme a fait ce qu'il se doit, mais en même temps ce qu'il doit aux autres, lorsqu'il a donné à sa nature tout le développement qu'elle comporte. Aux yeux de G. de Humboldt, cette formule a l'autorité d'une loi morale, loi d'une application malaisée, et, par conséquent, d'une obligation relative pour ceux qui portent le fardeau de plusieurs existences liées à la leur, c'est-à-dire dont la vie appartient à des enfants, à une famille. Mais pour Humboldt, appelé par un privilége de sa naissance à une vie indépendante, cette loi est un principe dirigeant, tout à la fois fondé sur son organisation morale et justifié par sa raison. En fait, il ne craint pas de déclarer que le but immédiat de ses travaux intellectuels est son propre avancement, il ne songe que subsidiairement à l'action qu'ils peuvent exercer sur la civilisation

générale. Aussi, parmi ses écrits, un assez grand
nombre portent-ils l'empreinte visible de la pensée
qui les a inspirés : ce sont des études personnelles.

La forme de ses écrits présente le même caractère.
Humboldt y poursuit une idée dont il n'a pas encore
la pleine possession : de là, une marche sinueuse,
incertaine, comme celle d'un esprit qui procède avec
difficulté sur un chemin non encore parcouru. Sans
doute Humboldt sait ce qu'il veut, le but lui apparaît à
travers un nuage qu'il s'efforce de dissiper, il entrevoit
du moins l'idée qu'il cherche à se démontrer. Mais
on ne trouve pas dans ses travaux, et l'on peut y
regretter cette ordonnance lumineuse, cette progres-
sion continue, cette correction qui est l'art même.
L'art est inséparable de la pensée d'un effet déterminé à produire sur le public à qui l'on s'adresse ;
quiconque sait transmettre la science qu'il possède, se
préoccupe nécessairement de satisfaire aux conditions
requises pour engendrer dans l'intelligence la lumière
et la conviction. Le but principal et souvent unique
de Humboldt, dans la plupart de ses travaux, est tout
différent : il s'agit d'extraire à force de pénétration
patiente, des profondeurs ténébreuses où elles se déro-
bent, les idées qui pourraient être la matière d'une
œuvre d'art.

Toutefois l'incertitude de Humboldt n'est pas aussi

grande qu'on se l'imaginerait au premier abord. Il
avait foi dans l'intuition qui, prévenant le raisonnement et l'expérience, ou plutôt appuyée sur des données imperceptibles quoique certaines, atteint d'un
bond la vérité. Mais cette intuition, privilége du génie
et organe de toute découverte, ne lui suffisait pas. Il
fallait qu'il la mît d'accord avec les faits, qu'il arrivât
au même but par une voie opposée ; et c'est la lenteur volontaire avec laquelle il s'avance dans cette
voie, s'arrêtant, revenant sur ses pas, regardant autour de lui, variant les points de vue, modifiant sa
pensée, provoquant les objections, multipliant les dis-
tinctions, les restrictions, les précautions, qui donne
à son esprit cette allure en apparence hésitante et
pénible.

D'autre part, ses études roulent sur des sujets si divers qu'elles semblent trahir l'inquiétude d'une intelligence capricieuse, qui cède aux entraînements pas-
sagers de la curiosité, l'absence d'une boussole et d'un
plan arrêté d'explorations. Humboldt s'occupe tour à
tour de politique, d'esthétique, de philosophie, de
philologie, de linguistique, de poésie. Il attaque toujours, à la vérité, ses sujets par leurs faces les plus
hautes. Il est également vrai qu'il ne les étudie jamais
avec la légèreté superficielle d'un amateur effleurant
tout à la hâte, trop pressé de changer et de jouir pour

s'enfoncer dans les régions arides de la science qu'il visite par plaisir; au contraire, il n'est pas de détail si épineux que Humboldt n'ose aborder. Mais enfin il passe fréquemment d'une étude à une autre, comme s'il ne savait où se prendre, comme si le hasard le gouvernait plutôt que sa volonté. Il est absorbé dans un travail, et vous le voyez tout à coup se lancer dans un nouvel ordre de recherches : il suffit, pour le décider à ces changements, d'un conseil qu'on lui donne, d'une invitation qu'on lui adresse, d'un exemple qui s'offre à lui. Dalberg et Stein l'entraînent ou le ramènent à la politique. Wolf le jette dans les études philologiques et dans l'antiquité grecque. Schiller et Gœthe lui inspirent le goût des recherches esthétiques. Un voyage en Italie ou en Biscaye, une visite au musée des Petits-Augustins, quelques représentations du Théâtre-Français, déterminent pour un temps la direction de sa pensée sur tel ou tel sujet, sur la plastique, sur la linguistique, sur l'art dramatique. Il utilise tout, mais en se dispersant sur tout.

Il n'y a rien de fiévreux dans cette agitation sans dessein constant. Néanmoins tant de mobilité n'accuse t-il pas une intelligence incapable de saisir un sujet d'une prise assez forte pour s'y fixer et pour l'approfondir, ou bien une volonté trop faible qui tourne sans cesse au vent de l'occasion et qui cède à toutes les

impulsions? Rien ne serait moins exact qu'une telle
appréciation. Humboldt a subi les influences les plus
diverses, celles des hommes aussi bien que celles des
événements. Bien loin de se prémunir contre ces influences, il allait, comme on l'a vu, au-devant d'elles,
il s'y exposait de parti pris et s'y ouvrait, pour ainsi
dire, de toutes ses forces, sans craindre le moins du
monde de mettre par là son originalité en péril. Il
s'applaudissait de se sentir modifié par une action
étrangère, et suivait sans résistance la direction nouvelle où elle le poussait momentanément. S'il regar-
dait comme la fin absolue de la vie le déploiement le
plus complet de ce que renferme l'organisation de
chaque homme, il considérait la société comme son
milieu nécessaire, et le rayonnement réciproque des
individualités humaines comme la condition de leur
développement. On peut redouter en effet qu'une nature heureuse, mais dépourvue de cette énergie résis-
tante qui perce à travers tous les obstacles, ne périsse
étouffée par la domination prépondérante ou exclusive
d'une nature plus forte; les exemples de ce genre ne
sont pas très-rares. Mais un homme qui se fait une loi
de ne s'enchaîner jamais à quoi que ce soit par aucun
lien définitif et de se livrer à toutes les influences,
sauvera par cette variété même sa propre originalité.

C'est ce qui est arrivé à G. de Humboldt. Quand

vous embrassez cette vaste carrière, quand vous résumez ces études si multiples, vous en voyez ressortir une admirable unité. Je ne veux pas parler seulement de l'harmonie de la vie avec les idées, qui résulte naturellement de la pureté du caractère, et qu'on trouvera toujours chez un homme dont la nature est droite, sincère et heureusement équilibrée. Je parle de cette unité qui consiste dans l'immutabilité des idées fondamentales. La fixité des principes intellectuels qui régissent l'esprit de Humboldt, est frappante. Il y a sans doute une grande distance de son premier *Essai* à ses derniers écrits, et toutefois, après plus de trente-cinq années d'études et d'expériences, après avoir été en relation directe avec trois générations de penseurs, après s'être intimement associé aux préoccupations de plusieurs génies du premier ordre, après s'être mêlé sans réserve à des événements qui avaient si profondément changé la face du monde politique et manifesté une révolution non moins profonde dans les esprits, Humboldt n'a point changé de pôle intellectuel. Les idées mères, auxquelles on le voit attaché dans sa jeunesse, sont celles qu'on retrouve dans ses œuvres dernières, entourées d'une clarté plus grande, fécondées par le travail de toute une vie.

Cette identité est l'indice d'une organisation robuste, nullement d'une intelligence prévenue, obstinée, rebelle au progrès, qui jette tout ce que l'âge et l'étude lui apportent, expérience et idées, dans le moule rigide où elle s'est emprisonnée d'abord. On peut prendre Humboldt à l'âge qu'on voudra, on ne le trouvera jamais attardé sur son temps, je veux dire que sa pensée paraîtra toujours en harmonie avec les préoccupations changeantes de la raison la plus libre et la plus éclairée, telles qu'elles naissent des vicissitudes incessantes de la société et de la science. Il n'a jamais eu ce malheur, le plus triste qui frappe la vieillesse, de devenir, comme le sont devenus quelquefois de grands esprits qui avaient commencé par être les guides et les maîtres de leurs contemporains, étranger à la langue parlée autour de lui. Considérez Humboldt à l'époque de la Révolution française, il l'explique très-clairement; il contemple, sans le partager, mais sans en être étonné, l'enthousiasme qu'allume dans ceux qui l'entourent l'aurore d'une ère nouvelle. Prenez-le après 1830, au début de cette époque infatuée de tant d'utopies, orgueilleuse de tant d'espérances, à laquelle de vagues aspirations et un petit nombre de tentatives réussies font croire qu'elle va accoucher de toute une société ; cette confuse période n'a point de pensées que Humboldt ne comprenne. En supposant qu'il eût conservé la plénitude de ses facultés, ni 1848, ni rien de ce qui a suivi ne

l'eût surpris : il avait la clef des agitations de l'Europe et des causes qui font échouer nos révolutions.
C'est beaucoup dire assurément, mais j'espère que
dans un instant cette affirmation ne paraîtra plus avoir
rien d'excessif.

Le secret de ce rajeunissement perpétuel est dans
la nature des idées qui étaient les ressorts de son intelligence. Il ne s'était pas fait un type fixe de perfection humaine qui lui servît de mesure pour apprécier
tout le reste, pour admettre ou pour exclure, pour
admirer ou pour blâmer ; il ne s'était pas construit
un ordre social absolu pour s'y reposer en sécurité.
C'étaient là, selon lui, des conceptions hypothétiques,
dont le moindre danger est d'être à toute heure dé-
rangées par les faits ; elles ont un inconvénient bien
plus grave, c'est que, ne suffisant jamais, si larges
qu'elles soient, pour envelopper toutes les formes sous
lesquelles la nature humaine peut se manifester, elles
rétrécissent à la longue l'intelligence qui s'y arrête.
La nature humaine est un fonds d'une richesse infinie,
d'une vitalité inépuisable, d'où peuvent sortir sans
cesse des individualités nouvelles, ne ressemblant à
celles qui les ont précédées que par l'énergie dont
elles sont douées et qui modifie les destinées générales. A des degrés divers, chaque individualité vaut
quelque chose. pourvu qu'elle ne soit pas comprimée

par le joug accablant de circonstances hostiles. Mais
il s'en élève de loin en loin qui dominent les autres de
toute la puissance du génie. La conduite des sociétés
politiques, les langues, la religion, la littérature, l'art,
la science, sont les sphères dans lesquelles ces individus éminents déploient leur fécondité et exercent
leur action en ce monde. Ces choses sont les œuvres
de l'humanité, et épuisent à peu près tout ce qui mérite d'être étudié dans son histoire. Si donc on les
étudie sous cet aspect, et que, des diversités innombrables qu'elles présentent, on remonte à la source
commune d'où elles sont émanées, savoir, la nature
humaine mue par d'inexplicables énergies et placée
dans le milieu mobile des circonstances, on arrive à
se faire d'elle et de ses destinées une idée qui n'a
rien d'arbitraire, une idée exacte et de plus en plus
complète, car elle procède de l'expérience et peut être
soumise à un contrôle incessamment renouvelé. Or,
l'étude ainsi entendue n'a pas pour seul avantage de
donner à la pensée un grand spectacle; elle a des
effets importants. Cette contemplation guérit de l'intolérance, prévient l'infatuation, inspire une indul-
gence sérieuse pour tout ce qui est humain, et par
conséquent pour l'erreur, excite dans l'âme une sympathie qui élargit l'esprit, qui le stimule par l'idée
toujours présente de ce dont notre nature est capable,

et qui devient ainsi une source d'inspirations élevées et d'efforts efficaces. Car l'homme agit et juge toujours, qu'il le sache ou qu'il l'ignore, sous l'empire d'une idée telle quelle de la nature humaine; son jugement est sain ou erroné, son action est féconde ou stérile, selon que cette idée est exacte, incomplète ou radicalement fausse.

Ces formules générales seraient assez pauvres d'application pour qui les emprunterait sans les avoir assez méditées. Mais elles prennent une précision singulière, lorsqu'on y est sans cesse ramené par les chemins si différents qu'on suit avec G. de Humboldt, lorsqu'on les retrouve après des circuits immenses qui, avec une prodigieuse quantité de faits positifs et d'idées, circonscrivent des sciences entières. Elles se dressent alors comme un foyer lumineux, dont les rayons atteignent aux derniers confins de la pensée. On est presque saisi d'admiration, en voyant de ces hautes idées sortir des maximes d'une application immédiate, soit pour l'homme, soit pour la société.

En raison de leur diversité comme de leur forme, ce que j'appelle les études de Humboldt, les travaux en quelque sorte personnels d'un homme qui a vieilli en apprenant toujours, sont assez difficiles à rassembler dans un champ restreint, par masses que l'esprit embrasse sans peine. Je ne veux pas suivre pas à pas,

dans tous ses détours, les manœuvres complexes d'un
penseur aussi exigeant; tout ce que je puis essayer
de faire, est de marquer les phases caractéristiques
de cette longue évolution intellectuelle.

Humboldt avait traversé à Paris les premières journées de la Révolution, en curieux impassible, sans
être gagné par l'ivresse, sans s'effrayer du bruit,
comme il aurait assisté aux tumultes et aux pompes
de quelque solennité sans conséquence. Mais l'ardeur
de sa curiosité, son empressement à tout voir, atteste
l'ébranlement de son esprit ; si la Révolution lui laisse
l'âme tranquille, sa pensée travaille involontairement
sur ce texte, et, dès l'année suivante, il adresse à
un ami, probablement Forster, son appréciation dé-
veloppée de la constitution de 91 (1). Si l'on se rappelle les jugements portés alors en Allemagne sur la
France, les prophéties furibondes de Coblentz, les
sottes informations des gazettes, les aberrations qui
atteignaient les plus fermes esprits, les déclamations
d'un Burke, on conviendra qu'il y a quelque mérite
à garder, comme Humboldt, sa pleine liberté d'esprit
devant les visions créées par la terreur ou l'espérance.
Mallet-Dupan seul pourrait rivaliser avec lui de sagacité et de sang-froid, mais il ne s'élève pas au-dessus

(1) *Ideen über Staatsverfassung durch die neue französische Constitution veranlasst*, t. I, p. 301 et ss.

de la chronique quotidienne de la Révolution, tandis
que Humboldt va droit à l'idée constitutive, à la cause
vraie de sa fatale impuissance. La constitution de
91 périra, parce qu'elle est une œuvre de la raison.
On peut très-bien comprendre les vues et les sentiments qui ont conduit à cette constitution, rendre
justice aux lumières et à l'intention des législateurs,
être indulgent pour les imperfections de leur travail,
croire enfin qu'un jour, dans un avenir éloigné, elle
fera sentir ses bienfaits selon la loi constante des événements humains, d'après laquelle le bien n'opère
presque jamais là où il arrive, mais à de longues dis-
tances dans l'espace et le temps. Cependant la constitution de 91 est condamnée dès sa naissance, elle
n'animera pas une société nouvelle, elle trompera les
plus justes espérances, comme toute constitution faite
sur un plan rationnel. Pourquoi? Parce que la raison
ne peut rien créer, parce que rien ne dure et n'est
fécond que ce qui sort d'un fonds préexistant et a sa
racine dans l'état actuel des esprits, des âmes et des
conditions. La raison combine, modifie et dirige; elle
essayerait en vain de produire tout d'une pièce, parce
que le principe de vie n'est pas en elle. Le présent et
le passé ont leurs droits, qu'ils n'abdiquent pas même
devant la raison, pas même au profit de l'avenir.

Une telle critique nous est familière aujourd'hui;

mais, en 1781, elle était une pierre de scandale aussi bien pour les défenseurs intéressés de l'ancien régime que pour les partisans de la Révolution. Le travail de Humboldt fut communiqué à un de ses amis dont il a été question ailleurs, à ce Charles de Dalberg, personnage singulier, gonflé de vanité, tout plein de prétentions et d'intentions de toutes sortes, littéraires, politiques, réformatrices, civilisatrices ; riche de projets à réaliser quand il aurait un peuple à lui, et qui n'attendait pour régénérer l'Allemagne que de succéder à l'électeur de Mayence. Surpris, comme tant d'autres, par la Révolution, mais engagé par le rôle qu'il s'était donné, toujours hésitant parce qu'il était vaniteux, mais fort déconcerté par la rapidité des événements qui semblaient devoir ne lui laisser rien à faire et même rien à rêver, il ne fut pas moins déconcerté par les idées de Humboldt. Il le harcela pour en obtenir des développements, il exigea des explications, il le fatigua de questions. Enfin Humboldt, qui n'avait pas besoin d'ailleurs qu'on lui fit grande violence, élargissant son cadre et ses idées, et cédant à une impulsion toute personnelle sous prétexte de contenter un ami, écrivit un livre *Sur l'étendue et les limites de l'action de l'État* (1).

(1) *Ideen zu einem Versuch, die Grenzen der Wirksamkeit des Staats zu bestimmen*, t. VII.

CHALLEMEL-LACOUR.

L'histoire de cet écrit est singulière. En premier lieu, lorsqu'il fut achevé, il excita les scrupules de la censure; puis il rencontra des obstacles de plusieurs genres qui en empêchèrent l'impression. Enfin, lorsque Schiller eut trouvé un éditeur, le livre avait cessé de satisfaire complétement son auteur, de sorte que la publication, d'abord ajournée, fut bientôt après abandonnée tout à fait. L'essai a paru pour la première fois en 1851, quinze ans après la mort de Humboldt, soixante après l'époque où il fut composé. On dirait en vérité qu'il était réservé pour un temps où les esprits seraient comme invités, par une série d'expériences consécutives, à le prendre pour thème de leurs réflexions, et à l'entendre sans commentaire.

Cet ouvrage, que la France ne connaît pas, est fait pour la France. C'est la Révolution française qui a tourné les pensées de Humboldt vers la politique, c'est en présence de cette crise qu'ont surgi dans son intelligence les idées qui l'ont toujours dominé, et ces idées, malgré leur caractère spéculatif, portent la marque vive encore des temps et des faits qui leur ont donné naissance : elles recèlent même aujourd'hui un germe puissant de révolution. Mais si appropriées qu'elles soient à la France, elles portent plus loin, elles atteignent la civilisation moderne tout entière.

Lorsqu'il regarde aux choses dont cette civilisation

se compose, aux sciences qui la soutiennent, la décorent ou l'enrichissent, à l'ordre général qui, sous la protection d'armées puissantes, règne dans les États à peine troublés par les orages qui en agitent la surface, aux facilités de la vie actuelle et au progrès continu du bien-être, aux immenses travaux que ce bien-être permet d'entreprendre et de mener à fin, à l'élégance partout répandue, au goût des arts pénétrant jusque dans les couches moyennes, il n'est pas d'homme peut-être, pour morose qu'il soit, qui ne se sache gré en son âme de vivre aujourd'hui. On ne se hasarde guère, à moins d'être passagèrement parmi les vaincus, à protester contre les glorifications dont notre âge est l'objet. C'est d'après ces beaux résultats que les États se classent dans notre pensée, que nous leur mesurons notre estime. Il faut, pour avoir une raison de durée, que le gouvernement les obtienne à quelque prix que ce soit : sa mission est de rendre la société heureuse et florissante, et nous en sommes venus au point de ne lui rien refuser de ce qu'il nous demande pour accomplir cette œuvre. Car le repos dans la jouissance du bien-être et des arts est considéré comme la fin dernière des sociétés politiques. Ce sont les écrivains, les philosophes, les amis de la justice et de la nation, qui ont fait prévaloir ces idées et défini ainsi la tâche des gouvernements. Il n'est pas un seul gouvernement, à l'heure qu'il est, qui demande que cette tâche soit diminuée.

Les résultats dont nous sommes si jaloux ont une valeur qu'on ne peut méconnaître ; ils sont d'utiles auxiliaires de l'activité humaine, ils en sont la récompense légitime. Il y a plus, richesse, bien-être, art, industrie, science, civilisation, tout cela peut naître spontanément du libre exercice des forces individuelles ; et même il est dans l'ordre qu'il en soit ainsi. Mais ces choses peuvent être produites directement, lorsqu'il est érigé en principe ou admis en fait que le gouvernement est chargé de pourvoir, coûte que coûte, au bien-être physique et moral de la nation. Il arrive alors que par un déplorable contre-sens on sacrifie, pour atteindre ces résultats, cette libre activité qu'ils sont destinés à servir, et qui en est la seule source légitime. Le développement interne de l'individu est négligé ou contrarié pour accroître l'éclat des résultats visibles. Ces moyens de grandeur deviennent des moyens d'oppression, la splendeur du dehors couvre le néant intérieur, les plus nobles énergies de l'âme sont paralysées, l'homme est mis au service de la chose ; on admire ce qu'il fait, on méprise ce qu'il est.

Rousseau avait ramené toute l'éducation au développement de la force interne, rejetant toutes ces acquisitions laborieuses, bonnes à exhiber solennelle-

ment pour faire éclater l'ineptie du maître et la nul-
lité du disciple. Humboldt, plus fidèle en politique
aux principes de Rousseau que l'auteur inconséquent
du *Contrat social*, ramène toute la politique à l'éman-
cipation de l'énergie individuelle, et y subordonne
tout le reste. Or, pour que chaque âme mette au jour
ce qu'elle renferme, pour que l'activité individuelle
s'enrichisse en s'exerçant, pour que la fin de l'individu et celle de la société soient atteintes, il faut premièrement que les hommes soient placés dans les
situations les plus diverses ; car c'est sous le stimulant des circonstances qu'ils agissent, c'est l'éperon
de la nécessité qui les excite à chercher en eux-mêmes
les ressources variées qui s'y trouvent. Mais cette
variété est impossible lorsque l'État, poussé par le
besoin d'ordre et l'esprit de domination, imprime à
tout l'uniformité, et que, sous prétexte de réaliser
ce qu'on attend de lui et de réprimer des écarts
gênants, il fait tout plier sous les mêmes règles, sou-
met tout à la même discipline politique, morale ou
administrative ; car ce dont il a besoin, c'est d'instruments dociles qu'il trouve toujours sous sa main et
qu'il puisse diriger à son gré. Il faut, en second lieu,
qu'enchaîné aussi peu que possible par le gouvernement, l'individu tienne par les liens les plus multi-
pliés et les plus étroits à ses concitoyens. L'être hu-

main le mieux doué, comme l'organisation la plus
chétive, ne se déploie qu'au sein de la société et avec
elle ; mais il n'y a pas de véritable société là où les
hommes ne sont pas unis par un échange incessant
d'influences et par l'entrecroisement de leurs intérêts.
L'intervention continuelle de l'État ne peut qu'entraver cet échange ; bien loin de maintenir la société, en
un certain sens elle la supprime.

Ces deux conditions posées, Humboldt ne peut
aboutir qu'à une seule conclusion, savoir, qu'il est nécessaire de conserver aux individus la liberté d'action
la plus complète, et que, par une conséquence immédiate, l'État ne doit jamais substituer son action à
l'action individuelle que dans le cas où il s'agit d'obtenir un résultat nécessaire, auquel les individus ne
peuvent arriver par leurs propres forces. Combien y
a-t-il de résultats de cette espèce ? Un seul, la sûreté.
De tous les autres éléments d'une société parfaite, il
n'en est pas que ne suffisent à produire dans la mesure
nécessaire les individus ou les associations particles.
Quant à l'État, il n'est pas, comme on se l'est imaginé,
une grande société universelle, destinée à procurer
tous les biens, à exécuter dans le plus bref délai et
par la voie la plus courte toutes les entreprises utiles,
à guérir ou à atténuer tous les maux : l'État est un
établissement de sûreté, voilà tout.

Mais cette définition ne résout pas encore le problème, Humboldt le sait bien. La plupart trouveraient encore aujourd'hui rétrograde et inhumain de réduire avec lui l'État à l'unique fonction de maintenir la sûreté publique ; et si quelques-uns poussaient jusque-là l'excès de la condescendance, ce serait à condition de retirer aussitôt leur concession. L'État, diraient-ils, a pour objet unique de garantir à tous la sécurité, nous le voulons bien, mais tout ce qui concourt à la préparer et à la maintenir relève de lui. L'unité, ou du moins la concorde des croyances, les pratiques et les craintes religieuses sont une puissante garantie d'ordre social : l'État protége et salarie les cultes, et, non content de les défendre contre les agressions violentes, il défend les doctrines contre une critique irrévérente. Les lumières préviennent beaucoup d'écarts : l'État entreprend d'inculquer la morale, il surveille l'instruction publique, il l'inspire, il la propage, il a ses propres établissements. Le bien-être est une condition de paix : l'État s'occupe du bien-être par les travaux publics, par les réglements protecteurs de la marine, de l'agriculture, de l'industrie, par les établissements de bienfaisance. Ainsi la théorie même conduit à restituer à l'État tout ce que Humboldt veut lui ôter. Non, répond Humboldt : si haute et si importante que soit la charge de procurer la sécurité,

elle ne donne pas à l'État le droit d'entreprendre sur
la liberté. Tout ce qui serait une atteinte, même détournée, portée à celle-ci, lui est interdit ; toute tentative d'action directe sur les caractères, soit par
l'éducation, soit par le moyen de lois religieuses, morales, somptuaires, civiles ou criminelles, va contre
le but de la société, c'est-à-dire contre la libre expansion de l'individualité. Bien plus, le propre de l'action
gouvernementale est d'être impérative et irrésistible.
C'est pourquoi tout ce qui est spontané par essence,
tout ce qui n'a de sainteté et d'efficacité qu'en raison
de cette spontanéité même, la religion, la morale sont
placées dans une sphère étrangère et supérieure à
l'État ; il les fausse et les frappe d'impuissance, lorsqu'il les ravale au rang de moyens de police. L'éducation même que l'État peut dispenser, organisée pour
réaliser un type tel que l'État est intéressé à le vouloir, stérilise sans réformer, et ne prévaut jamais
contre la seconde éducation, celle que l'homme reçoit
des événements et de l'expérience (1). Pour tout dire

(1) Il est impossible de ne pas citer quelques lignes de Mirabeau,
auxquelles Humboldt doit certainement une partie de ses idées. Il est
d'autant plus opportun de les rappeler, que nous vivons dans un temps
où les principes de la Révolution sont plus souvent invoqués : « C'est
peut-être un problème de savoir si les législateurs français doivent
s'occuper de l'éducation publique, autrement que pour en protéger les
progrès, et si la constitution la plus favorable au développement du moi

en un mot, l'État doit aux citoyens la sécurité, mais
il ne la leur doit pas sans limites et sans conditions.
La liberté est supérieure à la sécurité. La contrainte
empêche certainement des crimes, mais elle dépouille
de leur beauté jusqu'aux actions les plus conformes à
la loi ; la liberté engendre peut-être des délits, mais
elle donne au vice lui-même une forme moins ignoble.

Lorsque j'ai dit que le livre de Humboldt semblait
écrit pour nous, j'entendais simplement qu'il prête
une forme à certaines pensées que notre histoire ré-
cente a fait germer secrètement en bien des intelligences. Du reste, ce qui nous a tant divisés, ce qui
tourmente encore tant d'esprits, organiser l'État, ne
l'occupe aucunement. Humboldt et, depuis soixante-
dix ans, la France semblent viser au même but, la
liberté ! Mais quelles que soient les sympathies ina-
vouées de Humboldt pour notre révolution, le procédé
de celle-ci et la théorie de celui-là sont absolument

humain et les lois les plus propres à mettre chacun à sa place, ne
sont pas la seule éducation que le peuple doive attendre d'eux.....
Dans une société bien ordonnée, tout invite les hommes à cultiver
leurs moyens naturels ; sans qu'on s'en mêle l'éducation sera bonne ;
elle sera même d'autant meilleure, qu'on aura plus laissé à faire à
l'industrie des maîtres et à l'émulation des élèves..... D'après cela,
les principes rigoureux sembleraient exiger que l'Assemblée nationale ne s'occupât de l'éducation que pour l'enlever à des pouvoirs ou
à des corps qui peuvent en dépraver l'influence. » (Mirabeau, *Sur
l'éducation publique*, t. 1, p. 11-12.)

inverses. Humboldt ne prétend rien organiser, rien
édifier, il ne veut que limiter. Le peu qu'il conserve
d'État, cette chose si humble dans son rôle, il ne se
soucie pas même de dire comment il la constitue, ni
d'en définir les rapports avec la nation.

Ce silence sur des questions, qui sont l'objet de
toutes nos préoccupations, ne doit pas trop nous sur-
prendre. Il y a deux sortes d'esprits, en effet, parmi
les politiques, amis de la liberté. Les uns, enclins à
tout attendre de l'État, pourvu qu'il représente la justice telle qu'ils la conçoivent, et par conséquent à lui
donner beaucoup, n'examinent pas quelle est la qualité du gouvernement, mais seulement quelle est son
origine. Ils se soumettent à lui, si loin que s'étende
son action ; gênante, oppressive, absolue même, ils
reconnaîtront sa loi comme la vraie liberté, si l'origine du gouvernement est légitime à leurs yeux, s'il
émane par exemple du peuple ou de l'élection. Les
autres ne s'inquiètent pas de savoir d'où le gouvernement procède, mais ils recherchent avec scrupule jusqu'où il va, de quoi il se mêle, ce qu'il peut pour
l'individu ou contre lui, quels secours il peut lui prêter, quels obstacles lui opposer. Ils le respecteront,
quelle que soit sa source, tradition ou élection, Dieu
ou le peuple, pourvu qu'il n'entrave pas le développement individuel. Car nul état de société et nulle forme

politique n'est absolument incompatible avec un exercice libre de l'activité individuelle ; la nature humaine
se fait aux milieux les plus divers, elle trouve des
ressources dans les conditions les plus dures, elle
s'assimile et s'approprie des éléments de développement presque invisibles, elle ne dépérit misérablement
que là où le principe vital lui-même est éteint. Ce
n'est pas toujours dans des États où régnait un ordre
extérieur très-parfait, ni aux époques les plus brillantes que l'individu a été le plus grand ; il a pu dé-
ployer magnifiquement son énergie partout où l'État
ne l'accablait pas de son poids.

Humboldt appartient aux politiques de la seconde
espèce. De la part d'un esprit moins grave que le sien,
cette revendication de l'action individuelle passerait à
bon droit pour un scandaleux défi à la civilisation
moderne. Trois quarts de siècle et des révolutions
sans nombre ont passé sur ces paradoxes d'un jeune
homme de vingt-cinq ans. Tous les gouvernements
qui se sont succédé depuis 1792, nouveaux ou renou-
velés, ont, parmi les titres qu'ils invoquaient pour
être acceptés, compté en première ligne les bienfaits
dont ils avaient les mains pleines. Tous ont voulu être
jugés d'après leurs œuvres, c'est-à-dire sur ce qu'ils
faisaient pour le bien physique et moral des peuples,
et ils l'ont été. Leurs diversités d'origine et d'organi-

sation ne les ont pas empêchés de marcher dans la
même voie d'intervention universelle, tant cette voie
est creusée profondément. Les dernières venues, les
plus grossières, les plus asservies des nations de l'Europe, ont été, sans sortir de la servitude, entraînées
par ce mouvement vers la richesse et la civilisation.
Et il n'est pas probable que ce mouvement s'arrête de
sitôt ou change de direction. Au contraire, les États
modernes tendent de plus en plus à être en tout les
initiateurs des peuples : de purement répressive, leur
action est devenue civilisatrice. Un tel fait répond sans
doute suffisamment à une protestation isolée ; il doit
avoir sa raison, et une raison assurément légitime.
Je ne sais pas pourtant si Humboldt trouverait cette
objection péremptoire ; peut-être n'admettrait-il pas
pour infaillible cette conclusion du fait, si général
qu'il puisse être, à sa légitimité, surtout en voyant,
d'une part, une lourde inquiétude travailler l'Europe
et s'y faire jour par des essais périodiques de révolution qui, prenant pour mot d'ordre la liberté de la pensée, de la conscience, de la presse, du travail, de
l'association, accusent, en dépit de graves erreurs sur
les moyens, un besoin persistant et impérieux de ré-
formation ; d'autre part, les grandeurs de l'État coïn-
cider avec un affaiblissement graduel de l'énergie
individuelle et une extinction presque totale des fa-

cultés politiques. Il n'était pas homme à risquer légè-
rement une prédiction ; mais il considérait comme une
loi historique les accidents qui viennent dénouer les
nœuds les plus compliqués et rectifier soudainement
le mouvement en apparence le plus irrésistible. Quoi
qu'il en soit, nous ne pouvons nous défendre d'une
certaine admiration pour l'intuition presque prophé-
tique qui signale, comme le mal moderne, il y a plus
d'un demi-siècle et avant même que ce mal eût éclaté,
cette préoccupation d'une prospérité matérielle, à
laquelle peuples et gouvernements allaient bientôt
sacrifier toute autre ambition.

On fait à ceux qui ont écrit avant d'être mêlés aux
affaires, une question bien délicate, lorsqu'on leur
demande jusqu'à quel point la conduite de l'homme
public est restée en harmonie avec les idées professées
par l'écrivain. Penser et agir sont deux, et il faudrait
pour toujours renoncer à prendre aucune part à la vie
publique, si l'on ne voulait déroger en rien aux idées
théoriques que l'on peut avoir émises. Humboldt ne
reconnaissait qu'à la liberté le pouvoir d'engendrer la
liberté. Lorsque les hommes ne sont pas mûrs pour
la liberté, ce ne peut être que par un défaut de forces
intellectuelles et morales, et ces forces ne se produisent ou ne se régénèrent que par l'exercice, c'est-à-
dire par la liberté. Cette déclaration n'empêchait pas

Humboldt de se complaire à l'excès dans les idées pures, et de déclarer qu'il y a des vérités qu'on ne doit pas songer à réaliser ; la défaite finale de la Révolution française, après une si prompte victoire et un si audacieux élan, devait le confirmer dans sa circonspection. Traversons cependant vingt-sept années de la vie de Humboldt. Il a subi l'épreuve des événements et des affaires ; une expérience très-vaste, telle que peut la donner un temps où éclatent toute la puissance et toute l'infirmité humaines, s'est ajoutée aux lumières d'une méditation incessante. S'il n'a pas essayé de réaliser d'emblée son utopie, rien dans sa carrière publique n'a été accompli par lui que sous l'empire des idées qu'il a toujours regardées comme la vérité. L'Europe vient d'être affranchie, et Stein, trompé dans ses espérances, mais préoccupé jusqu'au bout de l'avenir de la patrie allemande, a remis entre les mains de Humboldt de nombreux documents rassemblés pour préparer une constitution de la Prusse. Humboldt examine, élague, choisit, combine ces éléments confus, y répand l'ordre et la vie, et le 25 février 1819, il envoie à Stein un plan détaillé (1). Ce plan de constitution est une étude encore, une étude où nous trouvons la profession de foi définitive de Humboldt, un savant compromis entre le philosophe

(1) Tome VII, p. 198.

et l'homme d'État qui n'oublie pas les limites du possible et tient compte du terrain sur lequel il opère. Eh bien, là est reproduit le fonds immuable de la pensée de Humboldt ; le principe générateur de ce plan n'est pas, comme on pourrait le croire, l'idée libérale, je veux dire l'idée d'un système de garanties mécaniques et plus ou moins artificielles, regardées non-seulement comme utiles ou même indispensables, mais comme suffisantes au développement de l'individu ; c'est une idée fort différente, malgré l'identité des mots, c'est l'idée de la liberté, de l'activité la plus large et la plus réelle des individus. Il est partisan d'une constitution nouvelle, non pas pour obéir à une exigence de la nation, pour lui reconnaître un droit abstrait et qu'il ne craint pas même de qualifier d'imaginaire, mais parce que cette constitution, en donnant au peuple une participation directe aux affaires, augmente en lui la somme d'énergie utile, véritable et unique rempart contre l'étranger, source et garantie de sa prospérité intérieure. Humboldt conclut, il est vrai, à l'établissement d'un système de représentation parlementaire savamment combiné. Mais former des collèges d'électeurs, créer des assemblées délibérantes, constituer un gouvernement national, tout cela importe bien moins que l'organisation sociale du peuple ; là est la question vitale, et l'objet

de l'inquiète sollicitude de Humboldt. Aussi, afin de
défendre la Prusse contre la bureaucratie et l'excès
du gouvernement, pour la fortifier et la prémunir
contre les dangers extérieurs, il écarte, autant qu'il
le peut, d'une main circonspecte et résolue pourtant,
tout ce qui entrave le développement individuel et use
la vigueur des caractères.

On a vu quelles déceptions Humboldt éprouva ;
mais l'idéalisme a cela de bon que les échecs n'abat-
tent pas les âmes qui y sont portées. Pour échapper à
la vue d'une oppression chaque jour aggravée, Humboldt se réfugiait dans l'antiquité, où il trouvait de
vrais hommes. « Il n'y a, disait-il, rien de beau que
dans le passé. Je cherche comme un autre et plus
qu'un autre à travailler pour le présent et pour l'avenir ; mais le temps où nous vivons, et tous les temps
modernes, sont un âge de fer. » Humboldt, individualiste s'il en fut, professe une admiration immense pour
l'antiquité, et surtout l'antiquité grecque, où l'État
est tout. Contradiction purement apparente. Vainement on a dit, et l'on a eu beau répéter de nos jours à
satiété que dans l'antiquité l'État absorbe et anéantit
l'individu, il n'en est pas moins vrai que l'antiquité,
comparée aux autres époques, offre seule des individus
achevés, des héros complets. C'est que l'homme n'était
pas séparé de l'État et se développait tout entier en

lui. Que voit-on dans notre civilisation, sinon des fragments d'hommes? Il semblerait que, vivant en dehors de l'État, l'homme moderne dût s'appartenir davantage, et parvenir à un plus riche déploiement de sa nature. Mais non, depuis que l'État s'est isolé dans la nation, il plane au-dessus d'elle comme un Olympe; il est devenu un corps à part, qui a ses membres, ses agents, ses instruments, ses armées, comme il a ses intérêts, et qui pèse du poids de toutes ces choses réunies sur les individus, non pour utiliser leurs forces, mais pour les discipliner, pour les réduire, pour les atrophier par une tutelle sans limite et sans terme.

Bien des hommes avant Humboldt et autour de lui, tournaient leurs regards vers la Grèce transfigurée dans le lointain du temps, quelquefois, comme Hœlderlin, avec un regret maladif qui alla jusqu'à ébranler leur raison. Mais, chez Humboldt, cette admiration pour la Grèce était en quelque sorte innée. Du jour où il connaît les Grecs, il leur appartient et pour toujours. Lorsqu'en 1792, il fait la connaissance de Wolf, Humboldt avait déjà commencé un curieux travail sur les philosophies grecques. Son commerce avec le grand philologue de Halle, qui d'une main si hardie restaurait alors l'antiquité, depuis longtemps falsifiée, rend sa passion plus vive. Homère, Eschyle,

Sophocle, Pindare, sont l'objet de ses études approfondies. Il se déclare modestement un novice préparé sans méthode, il s'avoue entraîné par le charme et le torrent de ses lectures égoïstes ; mais ce prétendu dilettante ne néglige rien pour pénétrer jusqu'au fond de l'âme et du génie antiques. Prosodie, métrique, accents, le retiennent et l'occupent sans partage pendant de longs mois. Il lit les vieux grammairiens, il étudie la musique des anciens, afin de comprendre le rhythme de Pindare. Il traduit et retraduit sans cesse. Un fragment de Simonide, *Danaé et Persée*, si je ne me trompe, le séduit par sa beauté ; il se met à le traduire en vers, il s'efforce d'approcher autant que possible de ce rhythme incomparable, il y consacre de longues veilles, et il y parvient à grand'peine ; il a fini et réussi, quand tout à coup Denys d'Halicarnasse lui apprend que ce fragment n'a pas de rhythme et n'est que de la prose coupée. Petit malheur qui trouble peut-être pour tout un jour la confiance du philologue, mais qui n'interrompt pas un instant ses consciencieuses recherches. Car il ne visait pas à une érudition stérile ; le but qu'il se proposait, tout autrement élevé, était de connaître l'antiquité grecque dans ce qu'elle a de plus profond, de plus intime, de plus individuel, et d'entrer par elle en contact avec ce que l'humanité a produit de meilleur. L'histoire moderne nous intéresse aux choses et aux masses, peu aux individus, tandis que l'antiquité individualiste avant tout nous offre seule des types à la fois élevés et complets. C'est donc uniquement par l'antiquité qu'il est possible d'acquérir l'idée concrète de toutes les puissances intellectuelles et actives de la nature humaine, idée d'autant plus utile de nos jours, que des obstacles plus nombreux s'opposent à l'expansion harmonieuse de l'individualité.

Humboldt communique à Wolf le dessein d'un ouvrage destiné à faire connaître le génie de l'antiquité, et qu'il aurait intitulé *Hellas*. Ailleurs, il parle d'un autre livre en projet sur l'*Esprit et le caractère de l'époque moderne*. Un peu plus tard, il médite une *Anthropologie comparée*, qui aurait été une physiologie expérimentale de l'humanité; plans divers qui se rattachent évidemment l'un à l'autre, ou plutôt qui se ramènent à la même idée de plus en plus agrandie. Ces livres, restés comme tant d'autres à l'état de rêve ou tout au plus d'ébauche, ne sont pas sortis des limbes de sa pensée. Une telle fécondité de projets avortés ne serait-elle pas un signe de stérilité? Je ne le crois pas, et je pense même pouvoir dire qu'ils ont été réalisés autant du moins qu'ils pouvaient l'être, sous une autre forme que la pensée première. Les fragments principaux en ont été disséminés, ou, si l'on aime mieux, l'idée mère en est éparse dans tous les ouvrages de Humboldt. Les observations sur la Grèce, répandues çà et là, formeraient, si on les réunissait, une belle esquisse de l'esprit hellénique. Et qu'est-ce que les ouvrages de Humboldt, si l'on veut bien les considérer dans leur ensemble, sinon une description à grands traits des fonctions constitutives de l'humanité? Qu'il écrive sur l'État ou qu'il s'enfonce dans des arguties philologiques en pleine tragédie de 93, une même pensée le gouverne, et cette pensée n'est pas aussi éloignée qu'il le semblerait au premier abord, des intérêts en jeu dans cette partie sanglante qui tient l'Europe en émoi.

Quoiqu'il eût peu de goût pour l'abstraction, il ne fallait qu'une occasion pour amener à la philosophie cette nature multiple, cette intelligence qui ne voulait laisser se dessécher en elle aucune de ses racines vivantes. A Iéna, où il s'était établi, il respirait une atmosphère toute philosophique ; Schiller était plongé dans ses recherches esthétiques, Goethe portait jusque dans la poésie le regard réfléchi du penseur. Bientôt l'esthétique et la philosophie sont devenues l'intérêt dominant pour Humboldt.

Déjà il avait publié une critique du *Woldemar* de Jacobi (1), méchant roman, plus méchante philoso-

(1) Tome I, page 185.

phie, œuvre bizarre où débordent les douleurs sans
motif, l'enthousiasme faux, les discussions qui ne
concluent pas ; œuvre curieuse néanmoins, pour les
questions morales qui s'y trouvent posées et hardi-
ment résolues. Humboldt s'acquittait d'un devoir
d'amitié et de reconnaissance envers son hôte de Pempelfort, par ce travail où il louait tout avec sincérité,
quoique avec excès; mais sa conscience littéraire,
plus forte que l'amitié, retirait subtilement un à un
tous les éloges que celle-ci venait de prodiguer. Il
avait beau plaider mieux que Jacobi lui-même, pour
la philosophie sentimentale de son ami, une rectitude
de sens incorruptible le ramenait à une tout autre
conception de l'homme, dont la nature, toujours en
jeu tout entière, sentiment et raison, corps et âme, en
tout ce qu'il fait, ne peut être scindée sans qu'on se
condamne par là même à une fausse philosophie.

Schiller publiait alors les *Heures*; c'est là que Humboldt publia deux dissertations intitulées, l'une : *De
la différence sexuelle et de son influence sur la nature organique* (1); l'autre : *De la forme mâle et de
la forme femelle* (2). Si l'on se demande quel rapport ces sujets singuliers peuvent avoir, soit avec les
études antérieures de Humboldt, soit avec ses travaux

(1) Tome IV, page 270.
(2) Tome I, page 180.

subséquents, on n'est pas longtemps embarrassé.
Cette humanité complète, dont il cherche l'idée dans
l'histoire et les types plus ou moins approchés dans
les grands hommes, rencontre un obstacle qui en fait,
non-seulement un rêve, mais une contradiction. Les
facultés humaines sont réparties entre l'homme et la
femme, elle ne peuvent se réunir dans le même individu, et l'homme ne saurait, même dans la totalité
des états successifs qu'il traverse, connaître tous les
sentiments et parcourir le cercle complet de la vie
humaine. Il y a donc ici pour Humboldt une antino-
mie à résoudre ou à constater. D'un autre côté, il y
avait en lui quelque chose de féminin. Cette ductilité
d'esprit, qui se prête si volontiers aux formes que les
circonstances lui donnent, cette nature fluide, qui
n'exclut pas la fermeté du caractère, mais qui s'iden-
tifie si pleinement avec ceux qui excitent en elle une
vive sympathie ; cette sympathie même, si prompte à
faire naître une admiration mêlée de tendresse, qui
élève volontiers son objet jusqu'à l'idéal et entre si
avant dans le mystère moral des individus à qui elle
s'attache, sont autant de traits par où Humboldt se
rapprochait des femmes. Il cultivait chèrement leur
intimité, et il se plaisait à déchiffrer dans leur âme la
philosophie instinctive, qui s'y trouve écrite en caractères si fins et si mobiles. En étudiant les rapports de

la nature et des formes féminines, il cédait à un penchant fort doux, en même temps qu'à l'attrait d'un problème à résoudre. Mais à force de se préparer à la traiter par des conversations sur l'histoire naturelle avec son frère et avec Gœthe, et même par les leçons de l'anatomiste Loder, dont il suivit le cours pendant un an, la question s'était généralisée dans son esprit, et, au lieu de parler exclusivement des femmes, il l'avait examinée au point de vue général de l'animalité.

Un homme qui, comme on le sait, ne reculait guère devant la difficulté d'un sujet, Kant lui-même, a dit cependant : « Cette loi de la nature, qui subordonne toute génération à la dualité de sexe, m'a toujours frappé d'étonnement, et me paraît un abîme pour la raison humaine. » Après avoir lu le mémoire de Humboldt, il déclara, bien que l'auteur lui parût une tête de première force, que ce travail était une énigme pour lui. C'est un mot que nous pouvons bien répéter après Kant. Il ne doit pas nous en coûter d'avouer que les idées de Humboldt, avec leurs formes majestueuses, passent devant notre esprit comme des ombres qui échappent à toutes nos prises. Vouloir remonter à la loi profonde qui oblige la nature à ne réaliser le type complet des espèces que sous la condition des deux sexes, énoncer dans toute leur généralité les caractères

qui différencient chaque sexe, mais les énoncer en
même temps dans leur tissu complexe et dans leurs
relations vivantes, découvrir les rapports indéfinis-
sables qui lient le visible à l'invisible, caractériser,
en les opposant, les beautés et les vertus diverses des
deux sexes, qui s'appellent et s'associent dans l'amour,
et dont la réunion constitue dans notre espèce le type
complet de l'humanité, c'est tenter des parages in-
connus, où il est plus facile au premier explorateur de
s'égarer que de porter la lumière. Et puis ces différences, ces analogies, sur lesquelles le sentiment ne
se méprend pas, deviennent fausses dès qu'on les réduit aux formules abstraites. C'est pourquoi, en parlant de choses si délicates, en cherchant à fixer des
nuances fugitives qui apparaissent surtout aux heures
solennelles de la génération, Humboldt écarte volon-
tairement un jour vif et grossier; il maintient son
style dans un crépuscule où n'oserait se produire aucune pensée profane. Il n'a garde d'appliquer à un
tel sujet une analyse sèche et rigoureuse qui le dis-
soudrait, qui le ferait évanouir; mais il tâche de com-
penser par le coloris poétique du langage, l'insuffisance de la méthode. Efforts inutiles! Il avait pris
pour texte de ses développements l'Olympe grec, où
dieux et déesses représentent dans leur ensemble une
humanité idéale. Ce texte eût dû être pour lui un aver-

tissement. Schiller, en composant ses poésies sur *La dignité des femmes* et sur *Les sexes*, semble avoir cru que la poésie seule pouvait révéler le chaste mystère de la nature féminine ; mais ces poésies mêmes montrent à quel point ces choses sont vraiment ineffables, et ne relèvent légitimement que du sculpteur ou du peintre. Si le poëte échoue, à plus forte raison le philosophe ne doit-il pas essayer ce que l'art seul peut réaliser.

Les illustres amis de Humboldt, ceux dont il reçoit avidement et d'un cœur si docile les suggestions, lui donnent à leur insu un bien autre sujet d'études ; ils posent eux-mêmes devant lui, ils sont le problème permanent qu'il s'efforce de résoudre. Dans le tumulte d'une foule ou dans la lenteur d'un long voyage, c'était une occupation des plus attrayantes pour lui que d'interpréter les âmes par les visages ; quel intérêt ne devait-il pas trouver à approfondir les deux grandes personnalités où il lui était permis de pénétrer directement et à toute heure. Le moment était favorable ; Schiller et Gœthe étaient alors dans une période de fécondité nouvelle. Cette haute amitié « qui devait ennoblir le nom allemand », apportait à l'un et à l'autre les richesses d'une moisson inattendue. Humboldt, qui les voyait sans cesse, pouvait contempler à l'œuvre la plus élevée et la plus obscure des facultés humaines, le génie créateur. L'art, qui partage avec la nature la puissance d'identifier la pensée et la nature, où Schelling allait bientôt apercevoir une révélation de cette identité supérieure qui est le principe des choses, et trouver comme une répétition familière de la création divine, l'art enfantait tous les jours ses merveilles sous les yeux mêmes de Humboldt. Il voyait naître dans l'atelier le plus secret de l'artiste et sortir de sa main, encore chaudes et inachevées, des œuvres impérissables. Il méditait sur tout cela. Le résultat de ces méditations fut un livre (1) sur le poëme de *Hermann et Dorothée*, qu'il avait vu commencer et finir.

Toute singulière qu'elle était, la méthode de ce livre, publié d'abord sous le titre plus vrai d'*Essais esthétiques*, répond parfaitement à l'esprit expérimental de Humboldt. Il cherche dans cet ouvrage à se rendre compte de l'origine et des conditions de l'effet esthétique, ou en d'autres termes, il veut s'expliquer la nature de l'art, de l'inspiration, de ses directions diverses, des diverses dispositions d'où les œuvres d'art procèdent ou qu'elles produisent dans l'âme, selon le genre auquel chacune d'elles appartient ; et il entreprend de trouver la solution de ces questions et de beaucoup d'autres qui s'y rattachent, dans l'analyse d'un poëme unique, *Hermann et Dorothée*.

(1 Tome IV, page 1-268.

Ce poëme est sans contredit une œuvre parfaite en son genre ; mais il avait avec les idées et le caractère de Humboldt une analogie profonde, qui eût suffi pour déterminer son choix. Cette aménité dans la force, ce calme et cette résolution, ces âmes simples et énergiques que le poëte fait agir et parler devant nous, répondent aux préférences les plus intimes de Humboldt ; le problème qui est au fond du poëme, savoir la conservation difficile de l'intégrité morale et de la force native au milieu des tempêtes sociales, l'harmonie du développement individuel, qui relève de la volonté, avec le cours impétueux des choses que la fatalité régit, était le nœud de ses pensées les plus constantes. Il y avait donc, que cette expression me soit permise, de l'idiosyncrasie dans sa tendresse pour ce poëme, de même que sa méthode était un trait de caractère. Car il entrait dans sa nature, lorsqu'il ressentait une sympathie vive, de ne mettre dans l'expression de cette sympathie aucune limite. Aussi n'hésite-t-il pas à élever l'ouvrage qu'il étudie à la perfection absolue ; exagération d'ailleurs inévitable, dès qu'il voulait en déduire et les lois de l'art en général, et les lois particulières des différents genres poétiques.

L'étude de G. de Humboldt n'a rien de commun avec la critique ordinaire : ce n'est pas une enquête

juridique sur la manière dont sont observées ou en-
freintes des lois plus ou moins générales, tirées de
théories arbitraires ou fondées sur la nationalité, les
coutumes, les traditions. Un poëme de génie, tel que
l'*Iliade*, le *Roland furieux* ou *Hermann et Dorothée*,
est à ses yeux un document authentique sur la nature
humaine qu'on peut examiner sous plusieurs aspects.
Si, en effet, ces chefs-d'œuvre sont une source de
jouissances et d'émotions supérieures à toute discussion, ils ont cependant leurs conditions d'harmonie
interne, en ce sens que chacun d'eux constitue un
monde à part et complet en lui-même, qui a sa vérité
propre aussi bien que la science ou l'histoire. Si la
vérité d'un récit historique ou d'une théorie physique
consiste dans leur conformité avec la nature envisagée
comme objet d'observation, la vérité de l'œuvre d'art
résulte de sa conformité avec la nature en tant qu'objet d'imagination, c'est-à-dire reproduite par l'imagination selon les lois propres à celle-ci, dégagée de
tout rapport direct avec ma personne et mes intérêts,
métamorphosée en image, transportée du règne des
réalités qui forment une chaîne continue et une succession sans vide dans le règne de la fantaisie, où elle
est en dehors de la durée, où elle subsiste par elle-
même et légitimement, puisqu'elle renferme en elle
toutes ses conditions de beauté et de vie. Or, com-

prendre et définir ces conditions, c'est le moyen de pénétrer les lois profondes de l'existence intellectuelle de l'homme. Mais on peut aussi examiner spécialement les effets produits par l'œuvre d'art, les émotions qu'elle cause, les facultés qu'elle ébranle, tout ce qu'elle fait résonner en nous d'accords sublimes ou douloureux, observer en un mot l'âme mise en mouvement par elle. Enfin on peut étudier encore dans l'œuvre la force qui la produit, le génie en action, c'est-à-dire après tout, la nature humaine à son plus haut période d'énergie et dans toute la vérité de son être, puisqu'on ne saurait en avoir qu'une idée indigne, tant qu'on ne l'a pas vue au-dessus de la sphère des actions journalières.

Tels sont les points de vue où Humboldt se place, et telles les opérations en quelque sorte inverses auxquelles il se livre. D'abord, empruntant à l'observation de la nature humaine quelques données irréfragables, il arrive à une définition de l'art, de la poésie, des genres, affranchie de ce qu'avaient de faux et d'étroit les classifications artificielles, et ramenée à certains états distincts et fondamentaux de l'âme, et, pour ainsi dire, à des clefs différentes. Secondement, il étudie à travers le poëme l'organisation supérieure qui s'y est manifestée. Il s'efforce d'approfondir par cette voie indirecte, puisqu'il n'est pas possible d'y

parvenir autrement, un génie admirable, c'est-à-dire
un des types les plus parfaits de notre espèce. Mais un
génie de cet ordre représente éminemment sa nation
et son époque. En sorte que par l'examen philosophique d'un seul poëme, G. de Humboldt sera conduit à découvrir, saura quel trait constitue véritablement l'individualité morale de l'Allemagne, et ce qui
la distingue d'avec les autres nations européennes ; il
définira le génie poétique des modernes comparé à
celui des anciens ; il apercevra ce qui rend à jamais
impossible, dans nos époques de culture avancée,
l'épopée héroïque ; il expliquera pourquoi les chefs-
d'œuvre anciens, même ceux qui nous font traverser
les émotions les plus tragiques, conduisent à la fin
l'âme à un état de repos et d'équilibre, tandis que les
œuvres des modernes la laissent dans un état de ten-
sion douloureuse et d'attente inassouvie ; il reconnaîtra la raison de la sagesse sereine des anciens qui ne
ressentent le désir qu'en présence d'un objet réel et
à leur portée, tandis que les modernes sont en proie
à des aspirations confuses et inquiètes, que nulle
jouissance n'apaise et qui empoisonnent la possession
du bien le plus ardemment désiré, aiguillons infatigables, chimères ruineuses et corruptrices, démons
d'orgueil et de mauvaise humeur, qui apportent à la
poésie une surabondance d'idées et de sentiments et

qui étendent peut-être son domaine, mais qui à coup
sûr surchargent et appauvrissent l'art. Sans sortir
d'un poëme qui ne tient pas cinquante pages, Humboldt, descendant, à force d'y creuser, jusqu'aux
sources premières, arrive ainsi à l'explication d'une
foule de questions intéressantes. C'est que l'infini est
véritablement dans toute œuvre et dans tout homme
de premier ordre. Quiconque serait parvenu à la connaissance intime et complète d'un génie tel que Gœthe,
en saurait plus sur la nature humaine que le lecteur
patient de tous les traités de psychologie, et que l'observateur d'un nombre immense de médiocrités.
Gœthe est pour Humboldt un mystère qu'il ne se lasse
pas de sonder, une mine qui récèle les plus précieuses
vérités. Il l'observe longtemps et de tous les côtés, il
approche de la solution à petits pas, et ce n'est qu'a-
près une longue analyse de l'œuvre que, ramassant
en faisceau les traits qu'elle lui a révélés sur l'ouvrier,
il ose énoncer enfin la liaison nécessaire du poëte et
de son ouvrage : « S'il était un homme à qui la nature eût donné d'observer de l'œil du naturaliste tout
ce qui l'entoure, et de le comprendre d'une vue nette
et profonde, qui, dans tous les objets du sentiment et
de la réflexion, n'estimât que le solide et le vrai, et
aux yeux duquel fût sans valeur toute œuvre d'art où
manquent l'ordre et la règle, tout raisonnement qui ne

repose pas sur un fait exact, toute action qui ne procède pas de maximes arrêtées ; si cet homme, poëte par essence, avait un caractère tellement en harmonie avec cette vocation, que sa poésie portât partout l'empreinte de ses principes ; s'il avait déjà vécu de longues années ; si, familier avec l'esprit classique des anciens, en même temps que pénétré de ce que les modernes ont de meilleur, il avait toutefois une individualité si marquée, qu'il n'eût pu exister ni dans une autre nation que la sienne, ni dans un autre temps que celui où il a paru, et qu'il ne pût rien emprunter, rien s'approprier sans le transformer en lui par la vertu de cette nature individuelle, qu'il dût avoir pour organe sa langue nationale et n'en pût avoir aucune autre, et qu'il eût pour caractère spécial d'être absolument intraduisible ; s'il était un tel homme, et s'il parvenait enfin à condenser en une idée poétique toute son expérience de la vie humaine et du bonheur qu'elle peut contenir, et à réaliser parfaitement cette idée, — cet homme devrait nécessairement produire un poëme tel que celui qui a fait l'objet de cette étude. »

C'était là le témoignage parfaitement mesuré, malgré sa magnificence, d'une admiration très-réfléchie, d'une admiration si invariable, qu'en 1830, lorsqu'il parlait du second séjour de Gœthe à Rome, et en 1832, après la mort du poëte, Humboldt le renouvelait et l'étendait encore. Mais si l'on conçoit très-bien que Gœthe fût pour Humboldt le type du génie poétique parmi les modernes, on s'étonnera sans doute un peu que le premier confident d'un pareil hommage fût Schiller, l'ami de Gœthe, il est vrai, mais aussi son émule, Schiller, pour lequel Humboldt avait ressenti autrefois un enthousiasme si grand ; on s'étonnera qu'il lui avouât sa préférence sans qu'une seule réserve positive vînt corriger ce qu'elle avait d'absolu au moins dans l'expression. La confiance, qui éclate dans le procédé de Humboldt, l'entier assentiment de Schiller à l'éloge de son ami, vont bien à ces nobles esprits. Non, l'admiration, la sympathie de Humboldt pour Schiller n'avait subi aucun affaiblissement. Que dis-je, cette sympathie était plus vive à coup sûr que celle que lui inspirait Gœthe. Schiller avait des côtés qui le rapprochaient plus étroitement de Humboldt, par exemple cette tendance à marier la réflexion et la poé-sie, cet effort souvent douloureux pour exprimer l'inexprimable. Mais ces analogies de nature qui res-serraient peut-être entre eux les liens du cœur, et ces violences secrètes que Humboldt connaissait, lui ren-daient l'homme plus précieux en Schiller et le poëte moins imposant. Schiller était pour lui un héros ami, Gœthe presque un Dieu redoutable.

Certes il n'est guère admissible que Humboldt ait
dit, ici surtout, plus qu'il ne voulait. Il est peu sujet
à dépasser sa pensée en écrivant. On regretterait plutôt une certaine timidité habituelle dans l'expression
de cette pensée. Lent par excès de conscience, et le
dirai-je ? un peu pédantesque pour vouloir être trop
démonstratif, il tâtonne longtemps avant de poser le
pied ; il s'entoure d'un appareil quelquefois irritant,
car l'erreur dans une appréciation toute littéraire ne
serait pas bien dangereuse. Mais, dans l'esprit de
Humboldt, il ne s'agit pas d'une thèse esthétique, il
ne se propose pas de donner à l'Allemagne une leçon
de goût, il a un but tout autrement grave. Il écrit son
livre au milieu du fracas de Paris, et d'une crise qui
peut emporter tout un monde social ; Humboldt voit
fort bien et rappelle combien est précaire l'existence
de toute chose autour de nous, et il estime que la nécessité la plus pressante est de fortifier les caractères
et de donner aux esprits une lumière pour se conduire
dans ce chaos. Notre âge est un âge de réflexion ; se
laisser conduire à l'instinct est dangereux, et aussi
impossible d'ailleurs que de s'en remettre à l'État
pour nous tracer notre voie. Au sein de la décomposition présente de tout ordre traditionnel, l'homme,
chargé de faire son choix entre tant de routes, choix
plus ou moins hasardeux selon qu'il est plus ou moins

intelligent, ne trouve d'appui que dans ses réflexions ; il ne peut se décider que par elles entre tant de sollicitations contraires, il ne peut recourir qu'à elles pour échapper jusqu'à un certain point au morcellement dont nos classifications sociales nous font à tous une sorte de nécessité, et pour n'être pas accablé par la richesse même de notre civilisation. De là le besoin d'une théorie certaine de ce qui constitue la perfection humaine ; faute de cette théorie régulatrice, l'éducation est routinière, hésitante et stérile, la législation n'a point d'autorité et n'inspire pas de respect, l'individu, tiraillé par des penchants contradictoires, s'épuise en efforts inféconds. Or, on attendrait vainement désormais cette théorie d'un révélateur ; elle ne peut reposer que sur une connaissance expérimentale de l'économie morale de l'homme, c'est-à-dire sur l'observation des personnalités les plus éminentes.

On pourrait objecter, non sans raison, à G. de Humboldt qu'en cherchant exclusivement dans les productions esthétiques l'interprétation du génie individuel et du génie national, il s'enferme dans une sphère bien étroite ; car la nature humaine se manifeste aussi bien par les mœurs, par l'histoire, par les institutions sociales et politiques. L'Allemagne, il faut se le rappeler ici, a comme nation un caractère intellectuel et littéraire, elle n'a pas de caractère politique ; c'est

pour cela que les Allemands, et entre autres G. de
Humboldt, attribuent une importance prépondérante
aux manifestations de l'ordre intellectuel. C'est pour
cela que Humboldt croit si souvent n'avoir qu'à con-
sulter l'art et la littérature pour deviner une nation
tout entière. Il s'exposerait à ne la voir qu'à demi en
la regardant sous un angle si exigu et à grossir des
vétilles, si, grâce à une merveilleuse élasticité d'intelligence, il ne remontait du détail le plus menu aux
considérations générales, sans jamais rompre le fil
qui doit le conduire au but. Chose bizarre, c'est au
jour faux de la rampe et dans la perspective artificielle
de la scène, c'est du fond du parterre d'un théâtre
qu'il se flatte d'apercevoir le véritable esprit de la nation française (1). Le Français, tout en dehors, amoureux des formes et de l'éclat, prompt à recevoir la
communication électrique de la sensation, s'applique
uniquement, poëte ou tragédien, à trouver l'expression la plus énergique et la plus juste de la passion
actuelle. De là, tout ce qu'il y a de séduisant dans le
jeu sobre et étudié de l'acteur, qui, tout à la fois
peintre, sculpteur et pantomime, s'efforce d'ajouter
aux beautés de la déclamation le charme musical et le
charme pittoresque. Le Français laissera passer et

---

(1) *Ueber die gegenwærtige französische tragische Bühne*, t. III,
p. 142.

applaudira peut-être la pensée la plus vulgaire, si la
forme en est heureuse, et il ne verra pas un trait de
génie, si le style en est absent. L'Allemand cherche
patiemment, avidement, le sens à travers toutes les
insuffisances et toutes les rudesses de la forme ; qu'il
trouve la pensée et le sentiment, il se tient pour assez
payé ; sans s'arrêter à l'expression, il voudrait franchir l'intervalle qui sépare à jamais un être d'un autre
être, une force d'une autre force, et qui fait la suprême importance du signe, puisque les êtres intelligents ne peuvent se comprendre que par le signe ;
il s'intéresse avant tout à l'essence immuable des
choses et des hommes, au caractère. En France, au
contraire, acteurs et poëtes, se soucient beaucoup
moins de peindre le caractère, et cela par la même
raison qui fait que le métaphysicien ne reconnaît pas
le primitif et l'inexplicable, qu'en toutes choses la nation aime l'ordre, fût-il de la tyrannie, la correction,
fût-elle de la sécheresse, la clarté, fût-elle de la plati-
tude, et goûte avec complaisance les effets frappants
de la symétrie et du contraste. Ce qu'il a cru voir au
théâtre, Humboldt en trouve la confirmation au musée
des Petits-Augustins, en étudiant la série des bustes,
appartenant à tous les siècles depuis Clovis, que Le-
noir y avait rassemblés (1).

(1. Über das Musée des Petits-Augustins, t. V, p. 361.

Il ne vise à rien moins qu'à établir, par l'examen attentif de ces bustes et par la définition psychologique des personnages qu'ils représentent, d'une part, le caractère persistant de la nation française, de l'autre, le caractère distinctif et fluide des différents siècles, entreprise digne de Lavater, si Humboldt avait la folle pensée d'ériger en science réelle un ordre de faits où toute la vérité dépend du tact de l'observateur. Humboldt était persuadé que le physique et le moral sont étroitement liés, et subordonnés à des lois analogues, sinon identiques. Mais il n'admettait pas de loi dans les physionomies, il ne reconnaissait que le retour habituel d'un certain nombre de formes, l'apparition constante de certains types, dont la nécessité ne saurait être déduite d'aucun principe. Puis il contrôlait les dépositions de la statuaire sur chaque époque au moyen des données de la poésie contemporaine, et, de mille interprétations ingénieuses, il finissait par tirer cette induction hardie, que l'humanité, l'art, et les formes naturelles dont l'art est l'imitation, font des progrès parallèles, c'est-à-dire que le développement moral de notre espèce amène un ennoblissement simultané de la forme humaine, non-seulement dans le jeu des expressions, mais jusque dans l'ensemble fixe de ses parties solides.

G. de Humboldt comptait rapporter également de

ses voyages en Espagne un vaste tableau, où seraient
entrés le pays, les hommes, la littérature, la langue.
Les livres, les récits des voyageurs, les autres moyens
indirects d'information suffisent bien, selon lui, pour
procurer la connaissance scientifique d'une nation ;
mais ils ne dévoilent pas la raison intime de ce qu'il
y a d'original dans sa manière d'être et de sentir,
dans ses arts, dans son histoire ; il faut avoir vu les
choses de ses yeux pour pénétrer jusque-là ; c'est ce
besoin de voir qui avait conduit G. de Humboldt en
Espagne. Et de même que son frère a voulu compléter
ses relations scientifiques par les *Tableaux de la nature*, de même qu'il a voulu vivifier les données de la
science moderne en les coordonnant dans l'exposition
du *Cosmos*, G. de Humboldt rêvait aussi d'ajouter à
tout ce que la science enseigne sur l'Espagne, une
peinture vivante que la science ne remplace pas. Tout
ce qu'il existe de cette grande entreprise, se réduit
(avec les travaux sur le basque) à deux morceaux
étendus (1), qui permettent à peine de deviner ce
qu'eût été l'œuvre achevée. La nature y eût tenu sans
doute une grande place ; quelques lignes peuvent faire
apprécier son talent de peintre, ce sont celles où il
rend l'impression que produisent sur lui les montagnes

(1) *Der Montserrat bei Barcelona*, t. III. — *Reiseskizzen aus Bis-
cayu*, t. III.

et la mer à son entrée en Espagne : « Devant les Pyrénées, à la vue de ces prodigieuses masses de rochers dont nulle verdure n'adoucit l'austérité, je m'étais senti transporté dans les périodes reculées de la formation primitive du globe. Ces masses offrent l'image du repos éternel, de l'inertie absolue, d'un poids qui, pesant toujours sur son centre de gravité, ne menace de s'écrouler que pour s'asseoir encore avec plus de solidité. Ce qui, au contraire, en présence de la mer, tend l'imagination jusqu'à l'épouvante, c'est la redoutable mobilité qui se propage de tous côtés à la fois avec une rapidité infinie, qui par un choc presque insensible soulève l'horrible profondeur de l'abîme et menace d'engloutir la planète tout entière. Ce repos éternel, cette éternelle agitation, l'un et l'autre soumis à des lois aveugles, s'exerçant tous deux dans des masses énormes et continues, informes éléments du chaos, sont les manifestations où la nature inanimée déploie sa sublimité : une force ténébreuse et incompréhensible y domine, et devant elle toute force intellectuelle se tait et s'évanouit. » Qu'on ne s'imagine pas d'après ces lignes que la réflexion philosophique caractérise seule les tableaux de G. de Humboldt ; ils n'offrent pas le coloris éclatant des pages où son frère Alexandre a versé tous les feux et toutes les splendeurs de la nature tropicale, mais ils n'offrent pas non plus uniquement les idées qui naissent en lui devant la réalité. Il s'efforce de rendre l'objet même en quelques traits fermes et précis, et de communiquer l'impression produite, mais sans emprunter le secours de l'imagination. La forme le frappe plus que la couleur, il rend la première avec fidélité, la seconde se confond avec sa propre sensation. Il porte partout une curiosité philosophique qui ne dédaigne rien, parce qu'elle s'attend à trouver jusque dans le trait le plus bizarre une révélation du caractère national. Il visite les moines du Montserrat, il étudie leur manière de vivre, il prête l'oreille à leurs légendes, et il ne rougit pas de se faire l'historien sympathique d'une colonie d'hermites. Il ne voit là qu'une occasion précieuse de constater et de résoudre un problème important de psychologie, et d'y découvrir quelque trait profond du génie espagnol.

Nul n'a mieux parlé de la Rome actuelle que G. de Humboldt, ni mieux peint le charme étrange par lequel Rome, semblable à une vision qui résumerait en elle tous les âges, exerce sur l'âme une fascination irrésistible. Mais cette vision le ramène trop puissamment à l'antiquité, et par l'antiquité romaine, où il ne s'arrête pas, à l'antiquité grecque, pour que la capitale catholique, qui n'est qu'oppression et misère, soit son principal intérêt. Des profondeurs de cette ruine immense, il remonte bien vite aux héritiers directs de la Grèce, et de ceux-ci à la Grèce elle-même, à Homère, surtout à Eschyle et à Pindare. Rome ne sert qu'à le monter au ton héroïque de ces vieux poëtes, dont il cherche moins dans ses traductions à reproduire la lettre qu'à rendre l'inimitable accent. Du reste, ces traductions, celle de l'*Agamemnon* par exemple, si magistrale, offrent la trace de préoccupations nouvelles : Humboldt est devenu un linguiste. Le centre de ses études est déplacé ; philosophie, littérature, beaux-arts, histoire, vont céder le pas dans sa pensée à une spécialité exclusive, ou pour parler plus exactement, toutes ses vues philosophiques et toutes ses études jusqu'à cette heure vont recevoir une application nouvelle, et féconder puissamment l'étude comparée des langues, qui seule l'occupera désormais.

Nous pouvons aborder maintenant cette partie considérable des travaux de Humboldt. Mais j'ai voulu que le lecteur pût s'orienter d'abord parmi les études très-disparates en apparence par lesquelles Humboldt a prélude à son œuvre, et qu'il en connût bien la direction constante. Certes un esprit tel que celui-là n'arrive pas au milieu de la vie sans avoir rien produit de définitif. D'ailleurs rien ne se perd de ce que fait un tel homme, ni même aucun homme : un jour ou l'autre, l'idée vraie et féconde, si cachée qu'elle soit, rencontrée et retrouvée par un de ces chercheurs que leur curiosité pousse dans les sentiers perdus, sort d'un livre oublié, se transmet, se développe, jusqu'à ce qu'elle prenne rang parmi ce qui dure à jamais. Mais jusqu'à ce que ce moment arrive, la pensée, qui reste flottante faute d'une forme assez arrêtée comme celle de Humboldt dans ces études premières, ne compte pas parmi les vérités qui servent de point de départ à des investigations nouvelles ; elle est contestable, livrée aux interprétations incertaines, soumise au caprice du hasard qui peut la produire, la cacher pour un temps, ou l'étouffer pour toujours.

Beaucoup d'hommes ont le malheur de ne jamais s'élever au-dessus de cette forme indécise, et cela quelquefois à cause de la richesse même et de la sincérité de leur esprit. Abordant trop de tâches, ou une même tâche par trop de côtés, ils n'achèvent rien qu'à demi. Ils ont par intervalles des aperçus lumineux dignes d'être recueillis et fixés pour jamais, et qui s'éteignent néanmoins, tandis qu'un esprit systématique et étroit parviendra par l'énergie de ses affirmations à dominer tous les bruits, à réduire au silence toutes les objections, et à se faire écouter. Ceux qui font de la pensée une volupté personnelle, comme il arrive souvent aux mystiques, en sont punis par cette

espèce d'oubli ; leurs œuvres, vastes mais indistinctes
comme des nébuleuses, sont la matière avec laquelle
d'autres créeront des mondes. Humboldt a passé bien
près de ce danger ; il avait une sorte d'épicuréisme
intellectuel qui l'y exposait grandement. Il y a échappé
fort heureusement par la chance qui lui est échue
d'adopter une science, avant qu'il fût trop tard. Dès
lors, se mouvant sur un terrain très-étendu encore,
mais circonscrit, il s'est épargné les fatigues inutiles,
il a usé de sa force avec ménagement ; et son génie,
nourri de tant de science, s'est résumé en un certain
nombre de conclusions très-hautes, très-riches en conséquences, qu'il s'agit d'exposer.

III

LES RÉSULTATS.

Les bornes obligées de ce travail ne permettent pas de songer à présenter même un résumé de ceux de G. de Humboldt sur les langues. Ce qu'on en pourrait dire ici ne suffirait pas aux linguistes, et instruirait peu le commun des lecteurs. Les détails, étant la partie démonstrative, ne sauraient être séparés de la théorie ; mais s'ils ont trop de prix pour qu'on les omît dans une exposition complète, d'autre part, ils ne peuvent guère se réduire ni s'abréger.

La sphère embrassée dans ces travaux est excessivement vaste, et c'est une raison nouvelle pour ne s'y hasarder, même à la suite de Humboldt, qu'avec une extrême circonspection. Humboldt n'a pas abordé toutes les langues, ni approfondi au même degré toutes celles qu'il a étudiées. Néanmoins ses recherches se sont étendues à toutes les parties essentielles de cet ordre de manifestations humaines. Un simple exposé

7.

de sa marche progressive atteste suffisamment la puissance de l'esprit qui a porté sans ployer le fardeau d'une science si considérable, et l'énergie de l'idée qui le guidait dans cet obscur et immense labyrinthe.

C'est pendant son premier voyage au delà des Pyrénées, en 1800, que, s'étant mis à étudier le basque pour y chercher quelques matériaux du grand ouvrage qu'il méditait sur l'Espagne, il fut retenu d'abord, puis bientôt entièrement captivé par la langue de cette fraction très-petite des populations de la Péninsule. La langue n'était encore pour lui qu'un auxiliaire de l'histoire, et il se proposait uniquement pour but la monographie d'un antique idiome, vivace et peu connu. Mais, dès l'époque où il annonçait ce travail ethnologique, il avait aperçu déjà la fécondité d'une étude comparée des langues envisagées comme manifestations et comme organes de la pensée. Les précieux documents qu'au retour de ses voyages au Mexique et dans l'Amérique du Sud son frère lui avait apportés sur les langues américaines, les richesses qu'il avait trouvées à Rome, entassées dans les dépôts du collége de la Propagande, avaient sollicité fortement son esprit, et y avaient fait éclater une tendance, dès longtemps éveillée en lui, mais à son insu, par ses études sur la langue de Pindare et d'Eschyle. C'était déjà un horizon immense qui s'ouvrait devant lui, et qui eût pu suffire à l'ambition la plus haute. Cependant, lorsque G. de Humboldt aborde le sanscrit, il entre, pour ainsi dire, dans un monde nouveau. C'est au plus fort des ébranlements qui agitent l'Europe, au milieu de sa vie publique, pendant les tragiques années de 1814 et de 1815, qu'il commence cette étude ; mais il n'y a vraiment pénétré très-avant qu'en 1821. Ses vues se sont élargies, ses idées se sont assises ; et, si des travaux ultérieurs les confirment et les développent, à partir de cette année elles ne varient plus essentiellement. Mais ses connaissances positives sont bien loin d'avoir atteint leurs limites, et, à cet égard, il progresse jusqu'à la fin de sa vie. Les travaux de nos illustres compatriotes Abel Rémusat et Champollion le jeune, déterminent dans les études de Humboldt une direction nouvelle, et il répand sur le chinois dans sa fameuse lettre à M. Rémusat, sur les hiéroglyphes et sur les rapports des langues et de l'écriture dans plusieurs mémoires, la lumière de ses admirables aperçus. Pourtant ce n'est là encore qu'une période de passage qui l'amène à ses travaux définitifs. Sans délaisser les langues américaines, puisque, de 1829 à 1831, il étudie à fond l'othomi et le mexicain, il est conduit du sanscrit aux langues océaniennes, et il conçoit le plan d'un travail d'ensemble sur les langues parlées depuis Sumatra jusqu'à l'île de

Pâques, depuis la Nouvelle-Zélande jusqu'aux îles Sandwich, qu'il considérait comme un membre intermédiaire entre les langues de l'Inde et celles du continent américain. C'est alors que, toujours sous l'influence de ses études sanscrites, il concentre ses recherches dans l'île de Java, où il croit reconnaître les traces les plus vivantes de la civilisation de l'Inde, et applique ses forces, encore intactes malgré ses soixante ans, à la langue antique, religieuse, savante et poétique de Java, au Kavi. Il entreprend courageusement sur le Kavi ce grand ouvrage (1), interrompu par sa mort, que le docteur Buschmann a accepté la noble tâche de terminer et de publier; mais il avait achevé du moins cette magnifique introduction, qui est elle-même un ouvrage, et où il a déposé, sous une forme toujours grande, d'impérissables idées, vrai testament philosophique d'une vie dépensée tout entière à sonder les secrets de l'existence et des destinées de notre espèce.

L'immensité de ces travaux épouvanterait des forces bien supérieures aux miennes. Tout ce que je puis faire, c'est d'y recueillir les idées qui, nées de la science, n'appartiennent cependant pas exclusivement à la science, mais sont du domaine commun de tous

---

(1) *Über die kawisprache aus der Insel Java*, 3 vol. in-4.

les esprits cultivés. On doit remarquer, comme un trait particulier et, à mon sens, comme un mérite éminent de G. de Humboldt, qu'il ne s'est jamais cantonné d'une manière absolue dans sa spécialité, et qu'il est toujours resté, jusque dans ses travaux les plus savants, abordable en quelque endroit à ceux qu'une curiosité ardente et sincère, sinon parfaitement préparée, entraîne, par une tentation bien pardonnable, à chercher dans toutes les sphères les vérités d'un intérêt général et humain.

Humboldt comprenait fort bien que, dans l'état présent des sciences, à une époque d'organisation incomplète, en présence d'une accumulation de documents déjà si énorme et pourtant insuffisante, éloignés comme nous le sommes encore du jour de la synthèse, si ce jour doit venir jamais, nous devons nous résoudre à la spécialisation comme à une condition de la certitude et du progrès. D'ailleurs, persuadé que partout, mais surtout dans l'étude des langues, les nuances délicates, qui ne se découvrent que par l'examen patient et approfondi du détail, sont cependant la seule chose qui mène à la vérité, il n'était pas homme à se contenter de principes vagues, à se payer de thèses générales, où l'amateur peut trouver un amusement, mais où le savant ne reconnaît aucune valeur. A ces deux titres, il aurait compté, si le mot eût été de son

temps et de son pays, parmi les esprits positifs, qui
exigent, avant de s'arrêter au résultat spéculatif le
plus captieux, la confirmation d'une expérience toujours renouvelable. Il voulait donc que la linguistique
fût une science à part, étudiée pour elle-même, dans
un esprit d'investigation rigoureusement indépendant,
au lieu d'être traitée comme l'appendice d'une autre
science et subordonnée à tel ou tel autre intérêt (1).
Elle devait, selon lui, pour être féconde, avoir sa valeur propre, en tant que révélant un ordre de vérités
précieuses au même titre que toutes les autres. Il s'est
expliqué très-clairement à cet égard, et jamais sa pensée n'a varié sur ce point important. Mais jamais non
plus il n'a songé à réduire cette science à un empi-
risme étroit. Il a très-bien vu, il a déclaré hautement
que les faits, quelque abondants qu'ils soient, et quelque art qu'on emploie à les rapprocher, à les ordonner, à les résumer en formules générales, n'ont pas
de sens par eux-mêmes. Ils s'interprètent toujours
par quelque chose d'invisible, qui n'est que dans la
pensée de l'observateur (2). Ils sont reliés par les
idées, ils reposent sur les idées, et celles-ci doivent
être sans cesse présentes à l'esprit de l'interprète in-

(1) *Über das vergleichende Sprachstudium*, etc., t. III, p. 246-267.
— *Über den Dualis*, t. VI, p. 564.

(2) *Über die Ausgabe des Geschichtschreibers*, t. I, p. 1 et suiv.

telligent, bien qu'elles ne puissent être introduites arbitrairement dans un domaine qui n'est pas le leur, et qu'elles requièrent toujours la vérification de l'expérience. Apercevoir ces idées est le trait du génie scientifique ; on ne saurait trop dire par quel chemin il y arrive, et si elles précèdent dans la pensée leur application aux faits, ou bien si elles jaillissent, au contraire, des faits sur lesquels se projette leur lumière ; mais quelle que soit leur origine, elles se justifient par leur nécessité et par leur fécondité.

Or, les idées qui forment le pivot de la linguistique sont de celles qui touchent à l'économie essentielle de notre nature, et aux conditions du développement de l'espèce humaine sur la surface du globe. Elles font partie d'une philosophie générale, dont la démonstration scientifique suppose des recherches infinies, des entassements prodigieux de connaissances et de faits, mais qui en même temps intéresse directement la source vivante et actuelle de la culture de l'humanité, tient aux problèmes où réside la cause secrète de nos vicissitudes passées, de nos agitations présentes, de nos progrès à venir, et parle ainsi d'une voix très-forte à toutes les intelligences nobles et éclairées. C'est pourquoi, après être entré dans l'analyse la plus savante des langues, après avoir décrit leurs formes intimes et distingué avec une extrême rigueur jus-

qu'aux traits les plus fugitifs qui les différencient,
Humboldt, qui ne perd pas un seul instant de vue les
idées sur lesquelles il s'oriente, s'élève sans aucune
peine aux considérations qui contiennent l'explication
la plus haute de ces diversités innombrables. Il ne
plane pas dans la région des spéculations indétermi-
nées, où le terrain manque à la discussion ; il ne s'en-
fouit pas dans les souterrains de l'érudition spéciale :
mais il se meut sans cesse, il monte et descend d'une
extrémité à l'autre, éclairant les faits par l'idée, vé-
rifiant, confirmant, rectifiant l'idée par les faits ; n'ou-
bliant jamais et ne laissant pas oublier au lecteur que
l'idée et le fait, nécessairement distincts pour le savant, se rattachent l'une à l'autre dans le cœur de la
nature, dans les forces motrices de l'humanité, du
sein desquelles s'épanouit son histoire. De même que
Rome avait apparu aux yeux de Humboldt comme le
nœud historique du monde, comme le confluent où
s'étaient réunis les courants divers de l'antiquité, et
d'où partaient dans des directions parallèles ou diver-
gentes les courants de l'âge nouveau, ainsi la linguistique est pour lui un observatoire du haut duquel il
voit s'ordonner devant lui les mouvements confus de
l'espèce humaine, toutes les particularités de race et
de nation, et d'où il ramène à leur principe éternel
les énergies multiples qui président à toutes ces ma-

nifestations. Les lumières que l'étude comparée des langues peut jeter sur leur affinité et sur la diversité ou la parenté des races sont très-précieuses sans doute; mais Humboldt rapporte la linguistique à un but supérieur encore : il ne veut rien moins qu'étudier dans les langues l'expression des diversités primordiales de l'espèce humaine, et l'un des principaux agents, sinon le plus actif de tous, de la grandeur ou de l'avortement des diverses civilisations (1).

Le but assigné par G. de Humboldt à l'étude comparée des langues, et la méthode qu'il en déduit dépendent de l'idée qu'il se fait de l'essence des langues. Cette idée se rattachait intimement à sa conception première de la nature humaine et résultait de l'examen attentif et scientifique des idiomes qui existent ou qui ont autrefois existé sur la terre. Aussi se concevrait-elle bien moins facilement dans un homme qui n'aurait pas, comme Humboldt, ou au même degré que lui, le sentiment vif de l'individualité et de la part supérieure qui lui revient dans les langues comme dans tout le reste. Il est bien entendu que je parle ici tout à la fois des individualités personnelles et des individualités nationales, dont le concours en toutes choses est un élément de premier ordre. Indépendam-

(1) *Über das vergleichende Sprachstudium*, passim.

ment des explications qui ressortent de la série des
faits, de leur enchaînement, de leur génération logique ou naturelle, on arrive toujours, dans l'histoire
des peuples et des civilisations, à des nœuds (1), c'est-
à-dire à des phénomènes que les faits antécédents
n'expliquent pas, et qui supposent des causes d'un
ordre différent, causes plus cachées, mais non moins
certaines. Il faut admettre, pour se rendre compte de
ces phénomènes, l'existence d'une force originale,
l'action d'un principe aussi indestructible qu'inexplicable. Ici, c'est un homme qui, par l'effet de la puissance qui est en lui, modifie plus ou moins profondément la direction des destinées générales ; là, il faut
invoquer une faculté propre à une nation, une puissance spéciale d'où dérive toute une série de faits,
caractéristique d'une époque, d'un peuple, d'une civilisation. Dans les deux cas, la pensée reconnaît une
cause première devant laquelle elle s'arrête, comme
devant le mystère même de l'existence. Ce que cette
force, que les époques primitives saluent sous le nom
de dieux, de demi-dieux, de héros, et que nous sa-
luons, nous, sous le nom de génie, jette dans le torrent de la destinée universelle ; ce qu'elle ajoute à
l'action des causes purement mécaniques, pour la

(1) *Einleitung zur Kawisprache*, t. VI, § 2-4.

modifier ou pour la fortifier, constitue précisément la source des richesses de l'humanité et des nations.

Ces deux sortes de causes si différentes s'enchevêtrent, se combinent, se joignent, se séparent, quelquefois se combattent, dans tout le cours de l'histoire. Mesurer avec exactitude l'action des causes mécaniques, faire ressortir celles-ci sans les altérer, est une tâche qu'on ne saurait assez apprécier. Mais, apercevoir les secondes, peindre ou plutôt faire sentir cette originalité qui est leur puissance, forme une œuvre plus haute encore, et qui demande, avec de la finesse et de la profondeur, une qualité spécifique, sans laquelle l'intelligence se laisse aller à diviser ce qui est uni, à confondre ce qui est distinct, se perd dans une conception arbitraire, et n'arrive qu'à des explications illusoires. Cette qualité, c'est le sentiment du concret, de l'action non-seulement simultanée, mais absolument une de toutes les énergies que l'entendement se représente séparées, et que, par suite, le langage est obligé d'énumérer successivement, comme les rouages d'une machine qui se démonterait. Cette anatomie destructive, toutes les fois qu'il s'agit de rendre compte d'un phénomène de la vie, est un danger auquel la science est de plus en plus exposée, à mesure que l'esprit scientifique s'isole du sentiment poétique, c'est-à-dire que la méthode prend la place

du génie. Eh bien ! le sentiment qui portait Humboldt,
avec une prédilection si marquée, vers les poëtes et
vers les âges où la nature humaine se manifeste dans
sa totalité, ce sentiment poétique de la vie, s'ajoutant
à l'esprit rigoureux de la science, devient le ressort
de toutes les recherches auxquelles il se livre sur les
langues et sur le langage.

En effet, dans la langue, c'est tout l'homme qui
agit; son organisation morale, intellectuelle et physique, l'esprit, l'âme, la voix, l'oreille, toutes les puissances de son être sont en jeu, aussi longtemps du
moins que les langues n'ont pas cessé d'être animées
par un principe de vie, et ne sont pas tombées à l'état
de système purement conventionnel, dont on se sert
à peu près comme on jouerait d'un instrument mort,
avec un artifice plus ou moins savant. De là résulte la
méthode spéciale que, selon G. de Humboldt, la linguistique devrait suivre pour arriver à se constituer (1). Premièrement, il serait nécessaire qu'elle eût
pour base une monographie complète de chaque
idiome, c'est-à-dire une analyse et une synthèse de
tout ce qui le compose, depuis les articulations élémentaires, qui sont comme la matière première de la
langue, jusqu'aux formes par lesquelles cet idiome a
suffi aux besoins de la nation qui l'a parlé ou qui le

(1) *Über den Dualis*, t. VI, p. 566-70.

parle encore. Ces monographies devraient présenter
une physionomie vraie, un ensemble de traits distincts,
liés par les rapports profonds qui sont la vie elle-
même. Mais un tel travail est d'autant plus difficile,
qu'il rencontre un obstacle dans un malentendu très-
grave, et pourtant presque inévitable. Ce malentendu
consiste en ce que l'investigateur, procédant d'une
langue qui lui est familière, soit de sa langue mater-
nelle, soit du latin, soit de toute autre, est tenté de
chercher aussitôt dans la langue qu'il étudie, des parties qui correspondent, par leurs formes respectives
comme par leur organisation, aux parties constituantes
de la langue qui lui sert de point de départ (1). Or,
cette correspondance n'a pas lieu nécessairement, bien
qu'il soit fort aisé d'être induit en erreur à cet égard
par une propriété inhérente à chaque langue, qui est
de fournir, par un emploi plus ou moins forcé de ses
ressources natives, une expression suffisante, quoique
détournée, des idées mêmes qui lui sont le plus étran-
gères ; à cet égard, les langues peuvent être pour l'é-
tranger qui les manie, comme des vases où il introduit
violemment, sinon naturellement, tout ce qu'il veut,
comme des outils compliqués dans lesquels il peut
trouver, à la rigu ur, des instruments qui remplissent
ou qui simulent toutes les fonctions. Bien plus, cette

(2) *Über das Entstehen der grammatischen Formen*, t. III. p. 771-74.

correspondance est impossible, puisque les langues
sont des organismes vivants dont les parties sont solidaires les unes des autres ; puisque chaque idiome
exprime une manière de voir et de sentir les choses,
qui ressemble bien dans ses linéaments les plus généraux à la conception d'un autre peuple, mais qui a
ses nuances propres et même ses particularités essentielles. La patience et la sagacité ne suffisent donc pas
ici : il faut, pour comprendre et décrire parfaitement
un idiome, qu'à ces qualités se joigne une faculté
d'identification, qui est plus que de l'indépendance
d'esprit : c'est cette faculté qui permet de dépouiller,
par je ne sais quelle opération rare et puissante, ce
qu'on tient de sa race, de sa nation, de l'habitude, en
un mot, son essence même pour revêtir, autant que
les lois de l'humanité le comportent, l'essence morale
d'une nation sauvage ou disparue depuis longtemps.

Secondement, et par un procédé qui serait le com-
plément et la contre-partie du premier, il faudrait
suivre chacun des organes vitaux de la langue, tels
que le pronom, le verbe, dans les diverses transfor-
mations qu'il subit d'un idiome à l'autre, transforma-
tions qui peuvent aller pour quelques-uns jusqu'à la
disparition complète, mais qui, dans tous les cas, sont
liées à l'organisation entière de la langue. Cette comparaison aura pour effet de montrer, d'une manière

éclatante, combien la nature est riche en types variés,
et de quelle main prodigue elle répand les originalités de toutes sortes. Elle préviendra ainsi les conclusions forcées, auxquelles un esprit systématique ris-
querait de se laisser emporter relativement à de
prétendues lois du langage. Elle révélera entre les
langues des affinités ou des différences qui vont bien
au delà des sons, et elle portera témoignage, soit de
leur distinction primitive, soit de leur antique parenté,
en prenant ce dernier mot, non dans un sens strict,
mais dans la simple acception de liaison historique.
Enfin elle fera plus encore, car elle manifestera certaines variétés dans la conception totale de l'univers,
telle qu'elle s'est produite dans des races diverses,
sous des latitudes très-éloignées et sous l'action même
de langues essentiellement différentes. Là où l'on aurait été tenté de ne voir d'abord qu'un accident sans
grande valeur ou une superfluité de la langue, on dé-
couvrira, par un rapprochement entre cette langue et
d'autres, l'indice d'une véritable supériorité intellectuelle. Telle forme, le duel par exemple, présente ou
absente, indiquée seulement d'une manière incomplète dans quelques parties de la langue ou en pénétrant tout le tissu, révélera dans un peuple l'imperfection ou la délicatesse de son génie. Quelle distance
n'y a-t-il pas, à cet égard, des langues où le duel

manque tout à fait, ou de celles dans lesquelles il
n'indique autre chose qu'un cas particulier de la pluralité et peut être considéré à bon droit comme un
accident, aux langues, telles que le grec, où il est
entré dans toutes les parties de l'organisme! Cette
forme n'est plus ici une redondance verbale ; bien loin
de trahir un goût de richesses inutiles, elle atteste la
finesse d'une intelligence, frappée, au point de l'in-
troduire partout dans sa langue, d'un des grands aspects de l'univers perceptible aux sens et de l'univers
intelligible : je veux dire de cette dualité manifeste
partout, dans l'ordre visible comme dans l'invisible,
dans la symétrie bilatérale du corps, dans la sépara-
tion des deux sexes, dans ces grands phénomènes
corrélatifs, comme le jour et la nuit, le ciel et la terre,
la mer et les continents ; dans les lois intellectuelles
de l'affirmation et de la négation ; dans l'opposition
primordiale de l'être et du non-être, du moi et du
monde ; dans le principe dichotomique de toutes les
classifications ; dans les grandes associations morales
de la fraternité, de l'amitié, de l'amour ; enfin, quant
à l'essence même du langage, dans la dualité naturelle de celui qui parle et de celui qui écoute, de la
demande et de la réponse, en un mot, de *moi* et de
lui (1). Le sentiment vif et délicat de lois si générales

(1) *Uber den dualis*, t. VI, p. 592 et *passim*.

se fait sentir, non-seulement dans la poésie, mais dans tout le contexte de la vie spirituelle; de tels points de vue caractérisent une civilisation, et rien ne les fait mieux saisir et apparaître avec plus de force que ce procédé comparatif, recommandé par Humboldt comme une des deux parties principales de la méthode. Ces deux procédés, dont Humboldt a laissé de si belles applications, dans le grand ouvrage sur le Kavi pour l'un, dans ses mémoires académiques pour l'autre, rappellent la méthode zoologique telle que l'ont faite les Geoffroy-Saint-Hilaire et les Cuvier; et ce n'est pas une médiocre gloire pour Humboldt, que de les avoir appliqués avec un succès égal à celui qu'ont obtenu ces éminents représentants de la science. Il est permis d'ajouter, sans encourir le reproche d'exagération que, si la plupart des langues sont des réalités encore existantes, et non pas des êtres anéantis et connus seulement, comme le paléothérium, par des fragments déposés dans le sol, cette circonstance ne supprime pas la difficulté; il n'en faut pas moins des qualités toutes particulières dans l'observateur, pour comprendre et pour décrire avec une entière vérité des réalités séparées de lui, non plus par des couches minérales, mais par l'abîme infranchissable d'une organisation intellectuelle, j'ai presque dit, d'une essence différente.

CHALLEMEL-LACOUR.   8

On a cru, dans un temps où l'on se préoccupait trop exclusivement des nécessités physiques, et l'on a trop souvent répété même de nos jours, que les langues étaient nées du besoin que les hommes ont de communiquer entre eux, d'unir et de se prêter leurs forces, d'échanger et d'ajouter leurs expériences personnelles. Humboldt, et c'est là chez lui une idée fondamentale, dérive le langage d'une source bien plus haute, à savoir du penchant inné dans l'homme, n'y en eût-il qu'un seul au monde, à traduire en sons sa pensée et toute son âme, et, qu'on passe l'expression, à se parler à lui-même (1). Il n'est pas sûr que Platon lui-même ait entièrement compris combien il disait une chose profonde, lorsque dans *le Théétète* il appelait la pensée un discours intérieur; la parole est dans l'âme, en effet, avant que la présence d'un interlocuteur l'en fasse sortir; mais elle n'y peut rester, et elle se produirait en pleine solitude. Des cris inarticulés suffiraient à l'homme, comme ils suffisent aux animaux, pour informer d'autres hommes de sa détresse et pour les appeler à son secours. Mais il pense, il sent et il parle, tout cela en même temps, sans étude, sans but, sans autre nécessité que celle de sa nature. Les hordes les plus isolées ont leurs chants et leurs prières; seul, dans les nuits de la Sibérie, le pâtre psalmodie

(1) *Einleitung zur Kawisprache*, § 8-9.

durant de longues heures, en face des astres, ses pensées mélancoliques. Par la parole, l'homme trans-
forme le monde des objets extérieurs en un monde
de pensées, qui réside en lui, mais qui n'y peut sub-
sister inexprimé. Dès lors, on comprend pourquoi les
langues sont chacune le monde vu à travers l'âme
d'un peuple, c'est-à-dire aperçu et révélé sous un
aspect particulier; on s'explique comment chacune
d'elles est un organe nécessaire de l'intelligence, une
forme qui concourt avec toutes les autres à compléter
l'idée de l'humanité; et l'individualité de toutes les
langues n'a plus rien de mystérieux.

Il suit de cette manière de voir que la langue ne se
transmet pas des pères aux fils comme un héritage
d'ustensiles inertes, comme un mobilier lentement acquis, comme un arsenal de signes qui passent d'une
mémoire dans une autre, et sont plus ou moins utiles,
lorsqu'une fois on a appris à en faire usage. Parler,
comprendre, sont la même faculté sous deux aspects
différents; la langue naît à mesure que la pensée s'é-
veille. On n'outrepasse en rien la vérité, en disant que
la langue s'engendre avec spontanéité, ce qui ne veut
pas dire sans l'action d'un stimulus nécessaire, dans
l'esprit de l'enfant. Les enfants parlent tous, au milieu des conditions les plus diverses, à peu près au
même âge; et il est douteux qu'aucune mémoire d'en-

fant pût suffire à retenir une masse de signes morts,
égale à celle des mots qui constituent une langue. Si
l'on objecte que les enfants, à quelque race qu'ils appartiennent, parlent toujours la langue qu'on leur apprend, il faudrait d'abord savoir s'il est assez établi
que la race ne se manifeste pas encore par certaines
nuances dans l'emploi qu'ils font de la langue parlée
autour d'eux. Mais qu'il en reste ou non quelque
trace, et sans qu'il faille recourir à l'expérience de ce
roi de Lydie, il suffit de répondre que parler est une
action qui requiert, comme toute autre, un stimulant
externe, et que cette action, pour être analogue à la
nature des causes accidentelles qui la provoquent,
n'en est pas moins primitive et spontanée (1). Ainsi
encore le sourd-muet apprend une langue, non-seulement parce que la faculté de parler est dans son âme,
mais encore parce qu'elle s'y développe sous une
faible impulsion, bien que l'organe lui fasse défaut.

La langue n'est donc pas une œuvre accomplie une
fois pour toutes ; les livres, le marbre et l'airain n'en
offrent qu'une image inanimée. Elle est un acte éternellement recommencé, une création continue, d'abord
dans la génération qui la produit la première, puis
dans l'enfant qui la balbutie, et dans le génie qui
communique par elle ses plus divines pensées. Douée

_____

(1) *Einleitung zur Kawisprache*, § 9, p. 57-8.

d'une existence tout idéale, elle a pour essence de
naître et de passer avec la pensée, de renaître sans
cesse et d'être impérissable ; elle s'écoule et dure à
jamais comme les fleuves. A moins de la saisir sur les
lèvres, encore tout imprégnée de la chaleur de l'âme
qui est son berceau, on ne la connaît pas complètement. On aura beau étudier les langues qu'on ne
parle plus, on ne comprend véritablement leurs poëtes
et leurs orateurs que si l'on est doué d'une nature
assez sympathique, d'une imagination assez vive pour
sentir, sous le signe glacé qui en est l'expression, le
frémissement de la pensée au premier moment de son
éclosion.

Nous ferions d'inutiles efforts pour nous représenter comment s'engendre une langue. Plus nous tente-
rions d'approcher d'une précision rigoureuse dans la
description des circonstances physiques et des conditions internes où son apparition a lieu, plus nous nous
éloignerions peut-être de la vérité. Quand on aura surpris à force d'observation ingénieuse la création d'un
mot, quand on aura dit de quelle manière, lancé d'a-
bord par un esprit heureux, il s'impose aux autres et
se propage, on n'en sera pas plus près d'expliquer
l'origine d'une langue. Car une langue n'est pas un
amas de mots, mais un monde, dans lequel les parties
coordonnées, enchaînées, organisées se commandent

8.

les unes les autres ; ou, si l'on veut, c'est un germe
qui récèle à l'état d'enveloppement une génération
infinie. Si le mot de mécanisme peut, jusqu'à un certain point, s'appliquer aux langues atteintes de dessic-
cation, et devenues aussi conventionnelles qu'elles
peuvent l'être sans périr, ce n'est jamais qu'avec une
justesse relative, et dans le style technique des grammairiens. A vrai dire, elles ne se composent pas, ainsi
que le feraient croire les analyses des grammairiens,
de pièces ajustées, mais de membres et d'organes produits comme d'un seul coup.

Si haut que nous remontions dans l'histoire d'une
langue, nous ne dépassons jamais, au moins jusqu'à
présent, la ligne de formation grammaticale complète.
La cause de ce fait très-remarquable n'est pas, je
crois, que la naissance de ces formes appartient à une
époque reculée, où nous ne pouvons ni pénétrer ni
porter la lumière. La catégorie du temps s'applique
aussi mal aux langues que les notions de but, d'intention, de convention, de volonté. D'ailleurs, nous con-
naissons des langues qui se sont formées dans un
temps bien plus rapproché de nous, sur lequel les
documents abondent ; et la formation de ces langues
ne nous est pas plus claire. Nous en apercevons les
éléments grossiers, bruts, épars ; puis, tout d'un
coup, après un court intervalle, elles nous apparaissent

complètes, elles se meuvent, elles vivent. Le phénomène intermédiaire reste couvert d'un voile impénétrable à nos yeux. Ici, les molécules se présentent à
l'état d'isolement et d'inertie; là, elles tiennent indis-
solublement à un tout organisé, dont elles reçoivent
le mouvement et la vie. Le passage est une lacune dans
nos connaissances que rien ne peut combler. La mort,
la naissance, l'acte où s'accomplit toute combinaison
organique, tout cela est un abîme obscur entre deux
états plus ou moins clairs : on en constate la minute,
mais on n'en peut saisir le comment. Il ne serait pas
plus difficile de comprendre la création d'une langue
dans le premier groupe d'hommes formé par le hasard
sur la terre encore neuve, qu'il ne l'est de concevoir
comment elle s'engendre à cette heure dans le cerveau
d'un enfant : le même mystère enveloppe ces deux
merveilles (1).

Si la question se réduisait à rendre compte de l'accumulation, de la disposition, de l'agencement de
signes ingénieusement inventés pour parvenir à s'entendre, le problème serait tout autrement simple.
Mais la langue, outre qu'elle est un système de signes,
est encore un symbole. Elle est un signe pour le savant, qui s'efforce d'éteindre autant que possible dans
les mots, par l'emploi qu'il en fait, la trace de toute

(1) *Über das vergleichende Sprachstudium*, § 3, p. 242.

impression subjective, de tout point de vue personnel. Elle est un symbole pour l'homme qui, par elle, forme en lui-même et manifeste aux autres tout un monde d'impressions reçues et de pensées correspondant au monde extérieur (1). Et comme, d'une part, le monde n'offre pas un amas d'objets disjoints, ainsi que le sont les grains de sable d'un rivage, mais un tissu de relations, une harmonie, un tout animé qui nous apparaît enveloppé d'un charme ; comme, d'autre part, il n'est pas né d'une série d'essais successifs et de corrections lentes, mais d'une création unique : ainsi, la langue reproduit l'unité du monde dans son organisme où rien n'est isolé, et elle est comme lui une création d'un seul jet. Sons et formes ont été produits par une génération unique. Les premières émissions de la voix, les plus simples énonciations de pensées, renfermaient la langue et son avenir, brillant ou obscur, destiné à offrir un développement presque inépuisable ou la langueur d'une existence rudimentaire, maintenue dans un état d'imperfection profonde par l'infirmité de son principe. Nul doute que dans cette formation lointaine, où tout se confond pour nous dans le travail anonyme d'une peuplade, l'individualité n'ait eu sa part, et même une part prépondérante.

(1) *Über das vergleichende Sprachstudium*, p. 264.

Mais si, à la distance où nous sommes placés des époques qui les ont vues naître, les langues nous paraissent quelque chose d'essentiellement national, Humboldt tient néanmoins pour certain qu'elles ont dû être achevées, quant à leurs linéaments définitifs, dès la première génération. « Je suis, dit-il, pénétré de la conviction qu'il ne faut pas méconnaître cette force vraiment divine, que recèlent les facultés humaines, ce génie créateur des nations, surtout dans l'état primitif où toutes les idées et même les facultés de l'âme empruntent une force plus vive de la nouveauté des impressions, où l'homme peut pressentir les combinaisons auxquelles il ne serait jamais arrivé par la marche lente et progressive de l'expérience. Ce génie créateur peut franchir les limites qui semblent prescrites au reste des mortels, et, s'il est impossible de retracer sa marche, sa présence vivifiante n'en est pas moins manifeste. Plutôt que de renoncer, dans l'explication de l'origine des langues, à l'influence de cette cause puissante et première, et de leur assigner à toutes une marche uniforme et mécanique qui les traînerait pas à pas depuis le commencement le plus grossier jusqu'à leur perfectionnement, j'embrasserais l'opinion de ceux qui rapportent l'origine des langues à une révélation immédiate de la Divinité. Ils reconnaissent au moins l'étincelle divine, qui luit à travers tous les idiomes, même les plus imparfaits et les moins cultivés (1). »

La transformation du monde en impressions, des impressions en pensées, des pensées en mots, est un de ces faits qu'il faut d'autant moins espérer d'expliquer qu'ils se reproduisent à chaque instant sous nos yeux et en nous-mêmes. Au lieu donc de vouloir remonter, par une divination impossible, à la racine d'un phénomène inaccessible ; au lieu d'étudier comment l'homme parle, mieux vaut rechercher de quelles forces relève cette manifestation de sa nature ; quelle est la source des diversités des langues et de leurs fortunes inégales ; quelle action elles exercent sur la destinée morale des nations et sur le progrès général de l'humanité pensante. Or l'étude des langues y révèle deux principes constitutifs, d'abord une certaine faculté plastique, répartie à des degrés fort inégaux parmi les peuples, faculté qui est l'intelligence toute entière appliquée à la formation et à l'usage de la langue, par conséquent une direction plutôt qu'une force spéciale ; puis une certaine aptitude physiologique, relative à la production et à la distinction des sons. Nommer ces deux principes, c'est rappeler que la nature morale et l'organisation physique de l'homme, c'est-à-dire l'homme tout entier est en jeu dans la

(1, *Lettre à M. Abel Rémusat, etc.*, t. VII, p. 337.

langue. Aussi la langue est-elle le témoignage le plus
certain qu'on puisse posséder sur le caractère d'une
nation, un témoignage bien plus considérable que les
coutumes, les institutions, les arts et l'histoire. Elle
est la traduction la plus nette de l'individualité, car,
à deux points de vue opposés mais également vrais,
on peut dire qu'il n'y a qu'une seule langue, et qu'il
y a autant de langues que d'individus. Elle réunit des
masses, et les marque d'un caractère identique; elle
sépare les individus par une ligne subtile et profonde,
qu'ils n'effaceront jamais. La première émission d'un
mot est une minute solennelle dans la formation d'une
langue, puisque ce mot, qui vient de jaillir pour la
première fois d'une poitrine humaine sous le choc
d'une impression passagère, replacera éternellement
d'autres hommes sous une impression semblable, en
leur représentant le même objet. Cependant ce son,
toujours reproduit, invariable dans ses éléments, ne
suffira jamais à faire, même pour une seconde, penser
et sentir deux hommes d'une manière absolument
identique. Ils s'efforceront à jamais de renverser cette
limite que le mot élève entre eux, pour faire passer
de l'un dans l'autre l'idée qui les remplit. Chacun,
après eux, recommencera la même œuvre; les écrivains et les poëtes épuiseront leur art pour élargir le
mot, pour y faire tenir plus de sens et de sentiment.

pour identifier par lui les autres avec eux-mêmes. Les hommes s'entendront ou croiront s'entendre, ils se répondront, ils communiqueront aisément, et pourtant il restera toujours en eux quelque chose d'incommunicable, savoir, leur individualité même. Mais cette lutte contre la langue est ce qui la fait expressive et énergique. De là vient que, soumise à une élaboration incessante, au travail de tous les esprits qui y trouvent un organe et en même temps un obstacle, la langue se développe, s'enrichit, coule sur un lit toujours plus large, offre un moule toujours plus vaste à l'intelligence, sans lui suffire jamais. L'insuffisance irrémédiable des langues est le principe de leur progrès.

Parmi tous les éléments qui, enchaînés par le lien de la vie, réagissant l'un sur l'autre, composent une langue et lui donnent une physionomie distincte, il n'en est pas de plus simple que les sons avec lesquels la langue est faite, et les sons portent en eux l'avenir de l'édifice dont ils seront la base. De nos jours, Molière ne songerait probablement pas à offrir à la risée du parterre l'analyse des voix et des articulations élémentaires, cette analyse fût-elle faite par un pédant ; car il saurait que ces sons, première œuvre de la faculté plastique des langues, ont une influence, fatale ou propice, mais décisive sur la destinée d'une langue, et que par eux seuls s'expliquent quelquefois, non-seulement les propriétés intimes de la langue, mais comment elle a servi efficacement ou retenu captif le génie d'un peuple. L'articulation, en effet, ne se définit pas simplement par sa nature physiologique; les organes de la voix chez les animaux n'opposent pas un obstacle absolu à l'émission des sons articulés, et pourtant ils n'en produisent aucun. Le son articulé sort de l'âme humaine, arraché par l'émotion qu'elle ressent en présence d'un objet. L'articulation se définit par le but auquel elle vise, l'expression d'un état humain, et par le résultat obtenu, savoir : l'énoncé d'une idée, la transformation d'un objet de la nature en pensée. Elle est un fait mental et moral, nullement un jeu des organes (1).

La synthèse de la pensée et du son articulé, voilà le mot. De même que l'éclair jaillit du choc des nuages orageux qui chargent l'horizon, le mot jaillit des profondeurs de l'homme ébranlé dans tout son être par l'impression reçue d'un objet. Deux choses se mêlent étroitement dans sa pensée : lui-même et l'objet qui le frappe ; ainsi, dans le mot, il y a la voix qui sort de sa poitrine, et le son qui, revenant frapper son oreille, donne à sa pensée une réalité objective et comme une existence indépendante. L'homme parle, et la position

---

(1) *Einleitung zur Kawi-sprache*, § 10, p. 67.

verticale de son corps montre que ses paroles ne sont pas faites pour mourir étouffées sur le sol, mais pour être portées à une oreille intelligente et lui être aussitôt renvoyées par un autre que lui, avec cette force nouvelle qu'il y reconnaît par la certitude d'avoir été compris. Il existe indubitablement entre la pensée, telle qu'elle naît dans tel peuple et dans tel homme, et le mot qui y correspond, une analogie non moins profonde que celle qu'il y a entre son âme et les traits de sa face. Et, en effet, il nous est bien donné d'apercevoir, en plusieurs cas, une certaine analogie entre le son du mot et celui de l'objet sonore qu'il désigne; d'autres fois, nous voyons assez clairement dans un mot la trace d'un effort pour produire dans l'âme, par ce mot, une impression semblable à celle qu'y produit la chose même; enfin, nous reconnaissons fréquemment entre un mot et un autre une analogie de même degré que celle qui nous frappe entre les objets désignés par l'un et par l'autre; mais il est excessivement rare que nous apercevions la valeur fondamentale du son, si l'on peut dire que nous l'atteignions jamais. Les sons qui désignent dans toutes les langues la terre, le feu, l'eau, nous paraîtront toujours conventionnels (1).

(1) *Einleitung*, § 14, p. 80 et suiv.

Il ne faut pas oublier que les mots et les lois qui
les régissent sont créés par un seul et même acte des
facultés humaines, c'est-à-dire, qu'en un sens très-
vrai, la langue est tout entière dans la première proposition énoncée. Nous sommes obligés de considérer
abstraitement chacun des éléments du langage, mais
l'esprit créateur ne connaît pas cette analyse. Toute
voix implique, dès le premier instant, une pensée
complète. Toute pensée exprimée par des mots renferme l'essence de la langue. Or, c'est par la manière
de traiter les mots dans la proposition que les nations
font éclater la vigueur ou laissent voir la débilité de
leur organisation ; ici est l'heure critique qui décide
de leur fortune intellectuelle. Le monde, on l'a dit
plus haut, est moins un amas d'objets qu'un ensemble
de rapports ; il y a donc en lui des choses perceptibles
et des relations intelligibles, c'est-à-dire, deux ordres
d'éléments auxquels correspondent dans les mots une
partie matérielle, par laquelle ils désignent des choses,
et une partie formelle, qui indique les rapports entre
les choses aperçues ou senties par l'âme, qui, en d'autres termes, exprime la pensée même (1). Tant que
l'esprit est occupé principalement par la signification
matérielle des mots, il est vraiment captif : il demeure

1. *Über das vergleichende Sprachstudium*, t. III, p. 255-256.
— *Einleitung*, § 14, p. 125-126.

l'esclave de l'impression animale. L'intelligence n'entre en possession du domaine des idées et d'elle-même, l'âme n'est libre et ne règne que lorsqu'elle peut s'attacher, sans obstacle, aux rapports qui constituent les idées. Alors, affranchie de l'impression physique que les objets, d'une part, et de l'autre, les sons qui désignent ceux-ci, lui ont faite d'abord, elle prend son essor, plane au-dessus des choses, et déploie sa puissance en combinaisons toujours nouvelles. Elle doit cette liberté aux moyens que la langue lui fournit, par une distinction radicale et facile de la partie matérielle et de la partie formelle des mots, d'apercevoir, d'exprimer et de combiner les rapports.

Il peut en être des mots comme de l'écriture, qui tantôt active et tantôt ralentit le mouvement interne de l'intelligence. L'écriture figurative, — les hiéroglyphes de l'Égypte et du Mexique, — fixe l'esprit sur les choses, au lieu de lui indiquer des rapports ; elle l'arrête sur la matière et non sur la forme ; en reproduisant l'image même de l'objet, elle renouvelle la sensation et par là elle enchaîne l'esprit, bien loin de le porter dans la sphère de l'idée. L'écriture symbolique, telle que les caractères des Chinois et les cordes à nœuds des Péruviens, ne représente plus, il est vrai, à l'esprit l'objet lui-même : mais elle le dirige directement sur l'idée, au lieu de le porter à considérer les rapports des idées : or, l'idée est encore, au point de vue de la langue, un élément substantiel, puisque ce qui désigne le rapport constitue seul dans les mots l'élément formel. Seule, l'écriture alphabétique est exempte de ces inconvénients. Loin de troubler l'idéalité de la langue par la représentation immédiate de l'objet ou par le rappel exclusif de l'idée, elle la fortifie, au contraire, en attachant la pensée aux mots seuls, par le moyen de signes absolument indifférents et insignifiants en eux-mêmes. Aussi cette écriture est-elle la seule qui, à la rigueur, mérite ce nom, si, du moins, il faut entendre par là, non pas tout système de signes visibles servant à transmettre des pensées (auquel cas les gestes eux-mêmes seraient une écriture), mais un art qui consiste à reproduire, moyennant certains caractères, des mots déterminés, dans un ordre déterminé.

Le génie de l'écriture et le génie des langues est le même ; elles sont empreintes de la même imperfection, ou témoignent de la même puissance intellectuelle ; elles procèdent enfin d'une même tendance, et de là vient, pour le dire en passant, qu'il n'est pas probable, malgré l'espoir dont on s'est flatté plus d'une fois d'amener les Chinois à changer d'écriture, qu'ils en viennent jamais là. Ce que l'écriture est à la langue, la langue l'est aux choses, et la perfection de celle-ci consiste dans la propriété d'intéresser l'esprit, non pas au contenu matériel des mots, mais à la forme de la pensée, c'est-à-dire aux rapports des idées.

Pour que les évolutions de l'intelligence s'opèrent avec précision et rapidité, il ne suffit pas que les rapports soient conçus sous les mots, il faut qu'ils y soient réellement exprimés ; et les procédés inventés pour les exprimer sont le témoignage le plus certain des heureuses facultés d'un peuple ou l'indice d'une organisation défectueuse (1).

Les rapports fondamentaux des choses existent dans tous les esprits avec un degré plus ou moins grand de clarté : la conception telle quelle de ces rapports est une condition nécessaire de toute pensée. Mais, ici, ils sont indiqués uniquement par la juxtaposition dans un certain ordre de mots invariables, ou tout au plus, dans des cas fort rares, par quelques particules qui servent à l'indication des rapports les plus divers ; tel est le chinois, où l'esprit ne procède pas de la forme des mots à la fonction qu'ils remplissent et au sens de la proposition, mais bien du sens indiqué par le contexte et de celui des mots pris à part à la valeur de chacun d'eux dans la proposition. Là, au contraire, la pensée et la langue sont embarrassées.

1. Über den Zusammenhang der Schrift mit der Sprache.

accablées par l'indication dans les mots des rapports les plus multiples, les plus lointains, au moyen
de mots ayant eux-mêmes une signification matérielle, plus ou moins atténuée, il est vrai, mais qu'ils
ne perdent jamais et qu'ils retrouvent tout entière,
dès qu'ils sont employés, comme ils peuvent toujours l'être, à un autre usage que celui d'indiquer
de simples rapports. Les langues américaines offrent
de nombreux exemples de cette méthode. C'est le
propre, en effet, des intelligences grossières, de voir
des différences partout, d'exprimer le plus possible
de particularités et d'idées accessoires, sans regarder
à leurs divers degrés d'importance: c'est aussi une
de leurs dispositions que de ne pas être ménagères de
paroles et de répétitions. De là, pour exprimer d'innombrables rapports, l'emploi redondant d'une foule
de mots qui tantôt s'agglutinent aux mots principaux,
et tantôt s'en séparent, mais qui ne se fondent jamais
en un seul tout avec eux: de là, une fatigante abondance de formes factices, bâtardes, qu'on croirait
suggérées par le démon de la subtilité, et que chacun
crée à son gré, multipliant ainsi les obscurités et les
embarras (1).

L'intelligence humaine tire parti de toutes choses,

(1 *Über das Entstehen der gramm. Formen*, t. III, passim. —
Lettre à M. Rémusat, t. VII, passim.

même de ses créations manquées, même de ses chaî-
nes. Aussi n'est-il pas de langue dont les imperfections
ne puissent être, à quelque égard, un avantage. Ces
langues, si misérables avec leur fausse richesse, frappent parfois l'imagination de coups vigoureux. Le
chinois, en présentant les idées dans toute leur nudité,
en forçant l'esprit à les examiner rapidement sous
toutes leurs faces, donne à la pensée un relief remar-
quable ; le chinois de l'ancien style, surtout, qui
semble vouloir, par le rejet de tout accessoire, voler
plus facilement vers la pensée pure, a une dignité et
même obtient, par le seul groupement des idées, un
coloris vraiment étonnant. Le malais proprement dit
est vanté à bon droit pour sa facilité et la rare simpli-
cité de ses articulations. Les langues sémitiques déploient une délicatesse merveilleuse a distinguer la
valeur significative de sous voyelles, gradués à l'infini. Le basque possède dans la construction du mot
et dans l'agencement du discours une force singulière, résultant de la brièveté et de la hardiesse de
l'expression. La langue delaware et d'autres langues
américaines attachent à un seul mot un nombre d'i-
dées que nous ne pouvons exprimer qu'à l'aide de
plusieurs. Cela enseigne au penseur que tout a son
prix dans ce qui est de l'homme, et que le dédain est
aussi injuste que contraire à la science. Il n'est pas

de situation misérable où l'esprit humain ne découvre quelque ressource, ni de si pauvre instrument dont il n'arrache des effets imprévus.

Toutefois, il serait illogique, et il est d'ailleurs impossible de prendre pour base d'une comparaison entre les langues, les avantages dont jouit chacune d'elles à l'exclusion de toutes les autres. La supériorité d'une langue réside uniquement dans l'énergie avec laquelle elle sollicite l'esprit et dans la facilité qu'elle lui offre de considérer les rapports des choses plutôt que les choses elles-mêmes. Ce résultat est obtenu par le concours de deux qualités connexes : d'abord par la fusion intime opérée dans le mo entre la notion de l'objet d'une part, et le rapport sous lequel il est considéré ou qu'il soutient avec le reste des choses, en d'autres termes, par l'étroite union du mot avec l'idée, ce qu'on pourrait appeler son unité ou sa solidité ; secondement par l'unité en même temps que par la liberté de la proposition (1). De même que la fusion et l'alliage des métaux ne s'opèrent heureusement que sous l'action rapide d'une flamme intense, de même l'indication des rapports et la signification du mot ne se fondent dans le mot que par l'effet d'une organisation privilégiée, qui crée un système de sons régulier, malléable, exempt de pauvreté comme de profusion,

(1) *Einleitung*, §§ 15 et 17.

9.

et qui, discernant avec justesse et netteté les rapports
constitutifs de la pensée, leur donne dans le langage
une expression correspondante; or, cette unité intellectuelle, qui est une perfection essentielle du mot,
résulte uniquement de l'emploi des flexions. Mais il est
encore une autre perfection qui consiste dans son unité
sonore ; c'est par elle que le mot est à l'abri de toute
confusion, c'est elle qui lui conserve son isolement
ou son essence indépendante, soit au moyen de la
pause ou du changement de lettre, soit au moyen de
l'accent qui, avec la qualité du son et la mesure,
complète l'ensemble des propriétés phonétiques du
mot; mais, à la différence de deux autres propriétés
qui sont la forme corporelle, l'accent en constitue le
principe spirituel, l'âme, et est par sa valeur indéfi-
nissable la manifestation du caractère même.

Les mots, leurs formes et leurs rapports indiquent
déjà par eux-mêmes, jusque dans les langues les plus
grossières, le point de vue sous lequel les nations
qui les parlent envisagent le monde. Ainsi, par exemple, les langues américaines, qui distinguent les
objets, non par genres, mais selon qu'ils sont animés
ou inanimés, placent l'idée de constellation dans la
même catégorie que les idées d'homme et d'animal.
Cela prouve avec évidence qu'ils considèrent les con-
stellations comme des êtres qui se meuvent par leur

propre force, et vraisemblablement comme des natures personnelles, qui régissent d'en haut les destinées humaines. Ainsi encore, dans un ordre un peu différent, la manière enveloppée ou nue et directe dont telles idées sont présentées dans une langue, la forme sonore et le caractère interne des mots qui expriment ces idées, l'abondance ou la rareté de telle ou telle classe de mots et de notions, révèlent, non-seulement le point de vue universel de la nation, mais encore les particularités du caractère national. Les mots philosophiques et religieux dominent visiblement dans le sanscrit, et nulle langue ne peut le lui disputer en richesse à cet égard : de plus, ces idées se présentent la plupart du temps sous la forme la plus abstraite. L'esprit qui ressort de la poésie et de tout développement intellectuel de la race indoue, de ses antiquités, de sa manière de vivre, le même esprit rayonne en traits aussi vifs du sein de la langue. La littérature, la constitution et les monuments réunis ne dénoncent pas avec plus d'énergie que la langue les ressorts intimes du génie de l'Inde et ses conditions externes; les mots seuls indiquent clairement, quant à la vie morale, cette tendance qui porte les esprits à la recherche des causes premières et du but suprême de toute existence : quant à la vie sociale, la domination d'un ordre exclusivement consacré à cette recherche, c'est-à-dire voué à la méditation et à une aspiration incessante vers la divinité. Or, cette soumission à un sacerdoce d'ascètes, avec une disposition générale à se replier en soi, à suivre sans résistance la pente qui entraîne la pensée vers l'absolu ou même à faire des efforts avoués pour y parvenir, ou, ce qui est peu différent, pour s'élever, par les pratiques d'un mysticisme bizarre, au-dessus des limites de l'humanité, forment les traits caractéristiques d'une population qui a régné dans des époques reculées et qui végète encore sur les rives du Gange.

La deuxième condition, mentionnée comme faisant, avec l'unité du mot, la supériorité d'une langue, est l'unité et la liberté de la proposition. Quelquefois cette unité est marquée trop faiblement, comme dans le chinois, où elle n'existe guère que dans l'esprit de celui qui parle, puisque les liens des mots sont complétement sous-entendus; ou bien elle va jusqu'à l'absorption de tous les éléments de la proposition en une masse compacte et indistincte (1). C'est ce qui a lieu dans plusieurs langues, par exemple dans le mexicain, qui, prenant le verbe comme une sorte d'enveloppe élastique, y fait entrer, y presse, y condense tout ce qui est régi. Les diverses parties de la proposition, toutes les idées qui la constituent, sont

(1) *Einleitung*, p. 167.

combinées ensemble, et même incorporées l'une à
l'autre, de manière à ne former qu'un seul bloc. Faute
d'avoir discerné avec exactitude les différentes parties du discours, l'esprit a laissé les mots se cristal-
liser en masses embarrassantes pour l'entendement et
pour la voix. L'unité du mot s'est effacée au point
qu'il a cessé d'avoir une existence indépendante ; la
liberté de la proposition a disparu et, avec celle-ci, la
liberté de la pensée, qui est obligée de se jeter dans
des moules invariables et de s'astreindre à l'usage
d'expressions estampillées pour l'éternité. Il en est
tout autrement des langues où la partie matérielle et
la partie formelle des mots sont, comme dans le
sanscrit, par exemple, et dans les langues qui en sont
issues, à la fois unies et distinctes. Ici, grâce à un
système de flexions souples et solides, les rapports
indiqués par les mots frappent l'esprit tout d'abord ;
les mots, rapprochés sans confusion, portent pour
ainsi dire les insignes de la fonction qu'ils remplissent, ils apparaissent par l'artifice le plus naturel
comme membres d'une proposition fortement con-
struite, mais libre et mobile dans son allure, qui
obéit toujours à la pensée et la porte où elle veut
aller.

Certes, cette méthode dépose d'une certaine puissance synthétique qui est le signe d'une incontestable

supériorité intellectuelle. A ce don merveilleux se rattache particulièrement l'invention de trois organes,
pour lesquels il naît dans les langues imparfaites des
suppléments artificiels qui leur sont plus ou moins analogues, mais qui ne les remplacent pas. Ces trois organes
sont le verbe, la conjonction, et le pronom relatif ; le
verbe, qui, par la vertu d'affirmation dont il est doué,
relie et anime les autres mots et fait de matériaux morts
les membres vivants d'un corps complet ; le verbe,
véritable différentielle, fluide comme la vie, changeant
de formes et d'aspect comme l'action dont il exprime
la variété, rigoureusement distinct de tout ce qui n'est
pas lui, et présentant au degré le plus éminent l'unité
sonore et grammaticale ; la conjonction, qui, en rat-
tachant l'une à l'autre, non plus des objets, mais des
propositions, élargit la synthèse et la rend plus complète ; le pronom relatif, enfin, qui non-seulement
rapproche les propositions, mais les réunit de manière que la seconde n'est plus que l'expression d'une
propriété inhérente à un nom de la première (1). Par
ces trois inventions, vrais coups de génie de l'humanité, qui ne pouvaient procéder que d'une intelligence
rigoureuse et souple, de l'heureux équilibre d'une
sensibilité délicate et d'une conception calme et nette,
l'esprit peut entrelacer les phrases selon le besoin

(1) *Einleitung*, § 21, p. 254 et suiv.

de la pensée, en exprimer jusqu'aux moindres nuances
et aux liaisons les plus subtiles, avec cette continuité
et ces passages presque insensibles qu'elles ont dans
la tête de chaque individu, où elles forment une trame
ininterrompue. Elles fournissent un moyen de donner
à la pensée plus de finesse et de couleur, de la rendre
avec plus de fidélité, par des traits plus prononcés et
plus délicatement expressifs, en y ajoutant une symétrie de formes et une harmonie de sons, analogues
aux idées énoncées et aux mouvements de l'âme qui
les accompagnent. De l'emploi de ces organes seulement pouvait naître la période grecque, un des chefs-
d'œuvre du génie humain, où la pensée principale
continue de flotter devant l'esprit, tandis que se déroule autour d'elle le cortège des idées qui l'embel-
lissent et qui l'illuminent ; voûte majestueuse, dont
l'œil embrasse d'ensemble les parties solidaires et
parcourt sans s'égarer les ornements harmonieux ;
groupe imposant qui, indépendamment de la force de
l'expression et des beautés de chaque détail, a pour
atmosphère, comme certains chefs-d'œuvre de la statuaire antique, je ne sais quelle grâce résultant de
l'ordonnance générale, du balancement et de l'eu-
rythmie des formes.

Entre les langues qui possèdent les perfections dont
nous venons de parler, et celles qui sous-entendent

absolument l'indication des rapports grammaticaux, ou
bien les indiquent par l'agglutination des expressions
de choses et des expressions de rapports, on peut ne
reconnaître, si l'on veut, qu'une différence de degré.
Mais ce degré est tout; ce seul degré condamnait
celles-ci à ne pouvoir jamais servir de moule ni de
véhicule aux manifestations supérieures de l'intelligence, tandis qu'il faisait de celles-là les dépositaires
prédestinées des plus précieux trésors recélés dans
l'âme humaine. Ce n'est pas assez dire encore; car
les dernières n'étaient pas seulement un instrument
admirablement préparé pour tout exprimer, elles de-
vaient être encore une excitation énergique pour
l'esprit; il n'était donné qu'aux langues où règne un
système de formes grammaticales pures et complètes,
de réagir sur la pensée, de la provoquer, de soutenir
son vol. Non, ce n'est pas par l'effet de circonstances
plus heureuses, à la faveur d'accidents propices qui
auraient pu tout aussi bien échoir à d'autres races,
que les nations héritières des langues sémitiques ou
sanscritiques ont doté le genre humain des titres qu'il
possède au respect et à l'admiration. Ce n'est pas non
plus par la rigueur d'un destin ennemi que les races
américaines ont été réduites à végéter tristement et à
ne porter que des fruits avortés. Quand les moins
malheureuses d'entre ces nations, quand les empires

du Mexique et du Pérou auraient été servis par les
conjonctures les plus favorables; quand ils auraient
joui d'une existence prolongée et paisible, ce qu'il y
a d'éternel dans la civilisation, la poésie, l'art, la
science, l'idéal moral et religieux, ne serait sans
doute jamais sorti de leur sein. Ils n'auraient pas
dépassé la limite qui leur était marquée par la nature de leur langue. L'imperfection intellectuelle
et organique qui, dès leur premier usage de la parole, avait chez eux engagé la langue dans une voie
fâcheuse, les condamnait à n'en jamais sortir, à voir
toujours le monde, la vie, la destinée, et à se voir
eux-mêmes sous un jour faux et misérable ; et si, par
impossible, une autre intelligence se fût éveillée en
eux, son premier effort eût été de les faire renoncer
à une telle langue. Au contraire, il faut bien admettre
que les langues les plus parfaites de l'Asie, monuments d'un temps qu'on ne peut déterminer, mais
peu éloigné sans doute des premiers jours de notre
espèce, avaient en elles un principe de vie tout autrement énergique, puisqu'elles ont, jusqu'à cette heure,
d'empire en empire, de peuple en peuple, de civilisation en civilisation, de continent en continent, de
rejeton en rejeton, décomposées, recomposées, im-
mortelles, suffi à la nature humaine, provoqué son
intelligence, exprimé ses pensées et ses émotions,

manifesté, sous toutes les formes de l'éloquence, de la poésie et de la science, les vérités auxquelles elle s'est élevée graduellement.

Voilà beaucoup plus de trois mille ans que subsiste en pleine activité le principe d'où sont sortis le sanscrit et toute la série de langues qui s'y rattachent, et l'on n'y remarque aucun symptôme d'épuisement. A peine les langues classiques étaient-elles parvenues à leur période de déclin, que déjà se produisait parmi leurs premiers débris une floraison nouvelle de langues réservées à un développement presque aussi éclatant que le leur. Cependant ces langues ne présentent plus la richesse de formes si admirable dans les langues anciennes, en grec surtout; et l'on pourrait demander comment il se fait, puisque ces flexions si abondantes et si variées attestent la vigueur de l'intelligence et contribuent puissamment à ses progrès, qu'elles soient plus pauvres dans les dernières nées parmi les langues, et qu'elles aillent dégénérant à mesure que l'esprit s'exerce davantage. Ce fait est en effet très-frappant dans les langues néo-latines aussi bien que dans le rameau germanique. Mais on reconnaît sans beaucoup de peine que le système des flexions persiste tout entier (1), quoique appauvri quant à

(1) *Einleitung*, § 21, p. 295.

l'expression, dans ces idiomes ; il les pénètre essentiellement. Bien plus, c'est aux bienfaits séculaires
de ce système que l'esprit doit d'avoir acquis une conscience assez nette de sa force et de sa liberté, de
posséder, grâce à l'expérience, une idée assez claire
des fonctions des mots, enfin d'être assez sûr de sa
marche, assez rompu au maniement de la langue,
pour se permettre sans danger ces suppressions, ces
abréviations, ces condensations, dont les formes de la
langue offrent tant d'exemples. Ce changement a certainement ôté à nos langues quelque chose de l'harmonie musicale et de la splendeur des langues antiques, mais il n'a pas porté atteinte au principe sur
lequel elles reposent.

Dans une nombreuse lignée de langues, telles que
les langues sanscritiques, toutes issues du même principe, chacune a, comme on l'a dit, son caractère (1).
Qu'est-ce au juste que le caractère d'une langue ? On
ne saurait en donner de définition adéquate. Ce mot
exprime vaguement une chose qui n'a rien de vague,
et qui n'est indescriptible qu'en raison même de sa
profonde réalité. Le caractère dans la langue répond
au style dans l'écrivain. Aussi les divers peuples dont
la langue nous est moins connue et ne peut être fixée
sous nos yeux, parce qu'ils n'ont pas de littérature,

(1) *Einleitung*, § 20

nous présentent-ils une apparente uniformité qui n'existe pas réellement entre eux. Le caractère, très-facilement perceptible à ceux qui sont doués d'un sentiment délicat des différences, est tel néanmoins qu'on ne peut dire précisément où il réside, si c'est dans les sons, dans la forme des mots, ou dans l'emploi qui en est fait. Il est empreint d'une manière plus profonde mais plus obscure dans les mots eux-mêmes ; il se montre dans l'emploi général de la langue d'une manière plus visible, mais plus fugace. Il semble même, au premier abord, assez étrange qu'une langue puisse avoir un caractère distinct, général et durable, lorsque, dans la masse d'hommes et dans la suite de générations qui l'ont parlée, se rencontrent, outre les différences de sexe et d'âge, toutes les nuances de nature morale, toutes les formes du génie humain. Et cependant on ne peut méconnaître le caractère de l'individu dans le style, celui de la cité dans le dialecte, celui de la nation dans l'idiome. S'il est vrai qu'en chaque homme la représentation éveillée par un mot ait quelque chose de radicalement incommunicable, d'autre part, toutes les originalités portent la livrée nationale. La communauté de demeure, de vie, d'histoire, mais certainement aussi quelque chose d'impénétrable, qu'on sent néanmoins ; les rapports de l'organisation physique et de la force morale : voilà

d'où dérive cette uniformité nationale. Les significa-
tions générales des mots, entendues de la même manière, accompagnées d'idées accessoires semblables
et de sentiments analogues, enchaînées dans un ordre
de pensées habituelles, les tours employés avec une
liberté limitée par la nécessité de rester toujours intelligible : voilà ce qui conserve à la langue, quel que
soit celui qui la parle ou l'écrit, une couleur dominante. Elle est une enveloppe contre laquelle chaque
individualité presse sans relâche pour la distendre et se
rendre transparente aux autres; et tous les individus
d'une nation la travaillent dans le même sens, pourvu
toutefois que le peuple ait le sentiment d'un je ne sais
quoi que la langue ne peut exprimer et que l'esprit
doit compléter; sentiment fécond que les Grecs pos-
sédèrent éminemment. De là, chez eux, pour arriver
à faire au moins deviner ce fond même de l'être, non-
seulement l'alliance de la musique et des arts avec
la parole, mais encore leur tendance à tout indivi-
dualiser, si fortement accentuée et dans leurs écrivains, et dans leurs dialectes, et dans la langue en
général, comme dans les institutions, dans les arts et
dans la mythologie.

La persistance du caractère n'empêche pas que la
langue ne subisse avec le temps de graves modifica-
tions. Dans une première période, la langue elle-même

absorbe toute l'intelligence des nations ; elle est l'objet exclusivement caressé de leurs complaisants efforts ; c'est alors qu'elle se déploie et s'achève. Les mots occupent et charment l'intelligence ; elle s'attache, sous l'empire d'un instinct irrésistible, à y développer telle ou telle partie : ici les sens, là des formes ; et il en résulte une direction désormais invariable. Ainsi les mots en arabe et en hébreu renferment, par la prédominance de la sensation, un élément poétique, qui n'est pas la poésie sans doute et que l'usage devait effacer à la longue, mais qui ne pouvait pas disparaître entièrement. A cette période d'élaboration amoureuse de la langue, se rapporte l'époque essentielle de ses divers mélanges avec d'autres dialectes : ces mélanges la fortifient et la simplifient, et les langues auxquelles a manqué cet utile amalgame risquent fort de trouver dans leur isolement une cause d'arrêt et de pauvreté, plutôt que de perfection. Dans une seconde période, l'intelligence, moins préoccupée de la langue, prend plaisir aux pensées et aux sentiments revêtus d'une expression heureuse, chants, prières, adages, récits, que la mémoire recueille avec avidité, qu'elle dérobe ainsi au torrent du discours passager, et qui sont le fondement de la littérature. Cet emploi perfectionné de la langue est l'œuvre des poëtes et des instituteurs des peuples ; la langue reçoit de leur génie deux qualités

qui sont corrélatives, la force et la pureté ; puis, à
côté des poètes et des sages, viennent bientôt se pla-
cer les grammairiens, ouvriers subalternes, qui ne
créent rien, mais qui excluent, généralisent et intro-
duisent dans la langue la méthode. Lorsque ce mouvement va régulièrement des écrivains au peuple, du
peuple aux écrivains, par une sorte de flux et de reflux,
qu'il se fait entre eux un échange journalier et sans
interruption, il est une condition de vitalité pour la
langue. Enfin, une nouvelle période s'annonce. Par
les nécessités du commerce de la vie, par l'échange
indifférent et banal des idées dans le discours quotidien, plus encore par l'effort de l'esprit pour éliminer
dans un but scientifique tout élément subjectif, la
langue est soumise à une épreuve redoutable. La partie des mots qui exprime l'objet tout nu, prédomine
de plus en plus ; l'imagination, qui pénètre la langue
plus qu'on ne croit, est éteinte de parti pris ; le ruis-
seau d'impressions, qui court sous les mots, invisible
et toujours présent, tarit par degrés. La langue cesse
d'être un symbole, comme elle l'était dans l'usage
poétique et oratoire, elle devient une algèbre. Son caractère se fane. Livrée à un emploi conventionnel, où
l'invention, l'intelligence, le talent, l'effort de l'individu a d'autant moins à faire que la langue, assouplie
par un plus long usage, est rompue à tout exprimer.

elle entre dans une période indéfinie d'alanguisse-
ment, et ne peut être ranimée que par le génie de
quelque grand homme.

Je dis ranimée et non pas sauvée, car, en cet état,
la langue n'est nullement près de périr. Au contraire,
elle a une durée et une fixité pire peut-être que la
décomposition, mais qui en est fort différente en tout
cas. Comme tout ce qui est de l'homme, comme les
institutions sociales, comme les religions, la langue
subit la destinée de toute chose vivante, c'est-à-dire
qu'elle est soumise à un continuel changement ; elle
sort d'un germe, elle arrive en un jour heureux au
terme de sa croissance, elle mûrit, puis décline. Mais,
d'autre part, elle tend, comme l'État et le culte, à devenir un mécanisme, c'est-à-dire qu'elle tend vers des
formes constantes, immuables, par conséquent indé-
pendantes des lois de la vie. Telle est la marche de
la civilisation, qui substitue progressivement les artifices de la réflexion au ressort faillible, intermittent,
mais énergique et toujours jeune de l'instinct. Ce n'est
pas à dire que ce ressort s'arrête jamais d'une manière
complète, que, par exemple, la vie s'éteigne entièrement dans la langue ; jamais elle ne devient une ma-
thématique absolue ; mais son caractère vivant s'af-
faiblit, et le mécanisme y prévaut de plus en plus.

Si cette élimination de la partie affective et imaginative des langues s'accomplissait jusqu'au bout et qu'il fallût y reconnaître un progrès absolu, la pluralité des langues devrait être regardée comme une erreur de la nature. Elle serait un embarras regrettable, un obstacle à la libre transmission et à l'élaboration commune des idées scientifiques. Si les langues n'étaient que des moyens d'exposition doctrinale, leur diversité, en effet, n'aurait pas de raison d'être. Mais, encore une fois, elles ne diffèrent pas seulement comme système de sons et de signes; il y a entre elles une distinction tout autrement radicale, puisqu'elles expriment chacune le monde aperçu, conçu et senti différemment. On pourrait dire que le domaine de l'intelligible a été partagé entre les langues, que chacune d'elles montre sous une face particulière le tout indivisible, de même que chaque divinité grecque exprimait sous un aspect différent l'indivisible idéal. La nature, qui ne peut réaliser l'infini dans le fini, l'espèce dans l'individu, produit en toutes ses créations un certain nombre de formes, où se manifeste ce que contient chaque espèce, et qui suffisent à en donner une idée complète. Il ne faut pas demander pourquoi il existe tel nombre de formes et non pas davantage, car la nature serait en droit de répondre simplement : parce qu'il n'y en a pas d'autres. Les langues diverses sont les formes nécessaires pour donner une idée complète de la force intellectuelle de l'humanité.

Ainsi est marquée dans la science de l'humanité la place que doit occuper l'étude comparée des langues, soit qu'elle ait pour objet leur organisation intime et remonte aux lois de leur formation, aux mélanges qui les ont modifiées : ce qui est le rôle de la linguistique et constitue en quelque sorte la physiologie de l'esprit humain ; soit qu'elle s'applique à leurs développements littéraires, aux produits immortels du génie des écrivains, ce qui est le ressort de la philologie. Les résultats que Humboldt attendait de cette étude formaient une échelle grandiose, au bas de laquelle il posait la connaissance du langage, considéré d'abord en lui-même et comme faculté humaine, puis par rapport aux buts que l'homme peut atteindre à l'aide de la langue : le commerce social, les arts, la vérité, le beau. Au-dessus de cette connaissance, il plaçait celle des différentes nations, des liens de parenté ou des affinités historiques qui les unissent, de leurs aptitudes diverses et de leurs caractères distinctifs. Enfin, du sommet de la science, il considérait le développement général de l'humanité pensante, tel que la langue le révèle. A coup sûr, Humboldt n'exclut aucun moyen d'information, la langue n'est qu'un centre autour duquel toutes les autres sphères de l'activité humaine gravitent. Mais la langue les domine à titre d'expression plus directe de l'âme, et de réactif plus énergique et plus persistant qu'aucun autre sur la destinée morale des peuples.

Si maintenant nous recherchons après G. de Humboldt les lois philosophiques qui se dégagent de ces vastes études, nous pouvons en signaler deux principales.

Premièrement, la nature humaine ne produit rien que sous la condition et sous la forme de l'individualité, qu'on la considère dans l'homme pris à part ou dans les groupes que l'identité des facultés dont ils sont doués, des buts qu'ils poursuivent, de la direction où ils se meuvent, autorise à revendiquer cette qualité. Comme la racine de l'individualité se cache au cœur même de toute existence, il s'ensuit que, dans le déroulement des destinées humaines, il faut bien reconnaître des impulsions inexplicables qui seules communiquent la vie. L'Égypte invente la plastique, l'Inde la poésie et la philosophie, la Grèce la forme classique, les nations romanes une poésie nouvelle; chacun de ces peuples était doué d'une puissance créatrice ou régénératrice, qui, modifiant directement ce qui les entourait et se répercutant à l'infini dans l'avenir, a produit des effets indestructibles. Si l'on n'admet d'abord ces énergies originales, on n'expliquera jamais les stades nombreux que le genre

humain a parcourus. On ne peut donc ni prédire sa
marche à priori, ni en rendre compte par un principe
providentiel et général. Tantôt les créations sociales,
langues, religions, gouvernements, poëmes primitifs,
nous semblent l'œuvre directe d'une puissance de créer
diffuse dans les nations, parce qu'elles remontent à un
âge où les individualités n'ont plus rien de précis pour
nous et se perdent dans la masse du peuple ; tantôt,
au contraire, nous pouvons prendre sur le fait les individus eux-mêmes, les apercevoir en création fla-
grante : mais, dans l'un et l'autre cas, c'est toujours
l'apparition d'un homme plus fortement organisé, en-
trant à l'improviste dans la série des causes visibles,
qui marque et détermine l'éclosion d'une grande chose.
Vainement dirait-on qu'un examen plus attentif révèle toujours dans le peuple, la veille de ces appari-
tions, un vague effort vers les découvertes auxquelles
le génie donne le jour et attache son nom : les grands
esprits créateurs ne sont pas pour cela moins nécessaires. On trouve chez les peuples les plus grossiers
l'amour de la parure, de la danse, de la musique, du
chant ; mais la forme de l'art n'est jamais sortie de
ces jeux barbares, parce que le génie a manqué, parce
que nulle main n'a été assez puissante pour mettre à
nu les linéaments divins que la nature tenait enfouis
dans ces blocs informes. Si un souffle d'en haut ne vient

passer sur ce tison qui brûle obscurément dans les masses, il ne donnera jamais ni flamme ni lumière.

Il existe sans doute un trésor de résultats que les générations se transmettent l'une à l'autre, et l'on est tenté de nos jours, plus qu'à aucune époque, de tout rapporter à l'action sourde de ces agents communs. La civilisation humanise les institutions et les usages des peuples, la culture ajoute à ce perfectionnement la science et l'art, et il s'accomplit encore un changement plus intime qui développe une délicatesse croissante dans les sentiments moraux. Mais il ne faut pas tout attribuer à la civilisation, il ne faut pas tout attendre de la culture, ni même de l'adoucissement des âmes. Leur puissance est bornée. Il est même permis de douter si elles sont le point culminant auquel l'homme peut s'élever, et si, dans ce siècle par exemple, en pleine culture et en pleine civilisation, la nature dépasse ou égale le niveau qu'elle a atteint dans certaines nations, privilégiées il est vrai, de l'antiquité.

La civilisation se transporte de rivage en rivage, et cette diffusion progressive, ce partage équitable des richesses matérielles et intellectuelles entre un nombre d'hommes toujours plus grand, intéresse vivement les âmes préoccupées du bonheur de l'espèce humaine. Les exemples de grandeur individuelle, qu'on peut

trouver dans les âges anciens et modernes et jusque
dans les siècles les plus grossiers, captivent la réflexion curieuse de mesurer jusqu'où peut atteindre
notre nature, elle impose à l'âme et l'exalte ; l'impor-
tation ardente et dévouée des bienfaits de la civilisation
parle davantage au sentiment de la fraternité. Ce sentiment et la ferveur de propagande civilisatrice qu'il
inspire sont des choses modernes. Les anciens avaient
plus que nous le respect et l'admiration de l'individualité, nous sentons plus qu'eux la valeur de l'homme
comme homme. Leur civilisation avait je ne sais quoi
d'inséparable de leur esprit, et ils ne pouvaient communiquer l'une sans l'autre. La nôtre, au contraire,
se répand vite et facilement ; mais, si elle est féconde
lorsqu'elle sort du fonds d'un peuple , pour celui qui
l'emprunte et s'en pare comme d'un manteau, elle est
superficielle et stérile. Elle n'agit pas profondément
sur l'esprit et le caractère ; son effet le plus certain
est de rendre la vie commode, ce qui est quelque
chose, mais souvent aussi d'imprimer un aspect uniforme aux peuples, de dérober à tous et à eux-mêmes
la vue de leur misère, plutôt que de les porter à un
niveau supérieur ; et, la plupart du temps, cette civilisation imposée ou empruntée risque d'étouffer sans
compensation une originalité qui pouvait se développer un jour. C'est donc une erreur positive et dange-

reuse d'asseoir ses calculs sur les forces générales, qui semblent rendre superflue l'action des grands hommes.

La seconde loi, qui se dégage de l'étude des langues, n'est pas moins générale. La destinée des sociétés est continue et indéfinie. Sans doute, une nation n'est pas immortelle, et il n'est pas certain, même à cette heure, que celles de l'Europe soient dans une voie d'ascension qui n'aura point de terme. Il paraît, au contraire, assez établi par l'histoire et par le raisonnement, qu'il existe dans le développement progressif des nations un point qu'elles ne dépassent pas et à partir duquel leur marche devient plutôt rétrograde. Cependant la force des causes générales dont il a été question plus haut est telle aujourd'hui, que l'état de perfection relative où notre espèce est arrivée ne saurait plus, en dépit de tant de révolutions menaçantes, être troublé essentiellement. Bien plus, à le considérer d'un point de vue très-élevé, le développement total de l'humanité ne présente guère d'interruption absolue; il est assez facile à l'esprit de rattacher ensemble les nations, les empires, les civilisations, dont l'histoire offre la succession, et de les faire entrer dans un plan où l'on ne voit pas de lacunes sérieuses.

Cette continuité des destinées collectives a pour conséquence un fait très-remarquable : c'est que, héritant les unes des autres, les diverses nations dans l'humanité, les diverses générations dans un même peuple, agissent chacune dans des conditions différentes ; car chacune se meut sur une scène changée et enrichie par tout ce qu'ont fait les siècles antérieurs. Ce changement n'est pas tel, que la différence des situations, dans lesquelles se trouvent deux générations très-rapprochées, s'aperçoive toujours immédiatement. Mais, de même que les nuages prennent à distance des contours nets et une forme arrêtée, la diversité devient frappante quand on compare des époques éloignées. On reconnaît, au premier coup d'œil, la différence, et, sous beaucoup de rapports, l'opposition de l'antiquité et des temps modernes, aussi bien que tout ce dont nous sommes redevables à la première. Nous nous formons de l'antiquité une idée qui ne répond peut-être pas rigoureusement à ce qu'elle a été en réalité. Mais qu'importe ? Si haute, si héroïque et si poétique que nous la fassions, cette idée n'en est pas moins légitime, car nous concevons l'antiquité dans son esprit, tel qu'il ressort de ses monuments, de son histoire et de ses écrivains. Eh bien ! le souvenir de cette antiquité, historique ou fictive, est sans cesse présent dans nos lois, dans nos arts, dans nos sciences, et bien plus encore dans nos imaginations et dans nos âmes : et ce souvenir provoque une comparaison de tous les instants, quelquefois glorieuse pour nous, plus souvent mortifiante. Les Grecs n'étaient pas, comme nous, en présence d'une antiquité qui leur fît sentir ce qui leur manquait. S'ils avaient leur âge héroïque comme l'Inde a le sien, il s'en faut de beaucoup que leur situation, vis-à-vis de cette jeunesse fabuleuse, ressemblât à la nôtre vis-à-vis d'eux. Ainsi, par suite de l'accumulation des souvenirs et des choses, changent pour chaque siècle, pour chaque génération, les conditions d'existence et d'activité.

Or, si l'on compare le développement de l'humanité dans son ensemble, ininterrompu et immortel comme la planète qu'elle habite, avec le développement de l'individu, on y remarque une notable divergence. La destinée de l'individu semble toujours inachevée ; la plus pleine de promesses brillantes est brisée tout d'un coup, avant que l'homme ait mis au jour ce qu'il y avait en lui : quelque abondante que soit son œuvre, il la laisse toujours incomplète : de là naît en lui le rêve d'une carrière nouvelle et inconnue, qu'à peine il inaugure ici-bas. De plus, il ne faut pas s'exagérer la différence des temps et de l'état social à l'égard de l'individu ; celui-ci peut toujours sortir, jusqu'à un certain point, du courant qui paraît tout emporter, pour accomplir son œuvre, pour marcher dans sa voie, pour agir et vivre en vue de son propre perfectionnement. Sans doute, le passé pèse sur lui ou le soutient ; il y trouve une aide ou un obstacle : la langue, par exemple, lui est transmise telle que les hommes et les siècles l'ont faite, sans qu'il puisse la changer, et néanmoins il trouve moyen, dans les limites qui lui sont imposées, d'en créer une à lui ; il ne songe qu'à donner à sa pensée une expression qui traduise au dehors ses sentiments et son âme, et il se peut que par là il imprime à la langue un mouvement dont on ressentira encore longtemps après lui le contre-coup. Il en est de même pour toutes ses œuvres. Dans chacune d'elles, et jusque dans la plus passagère, s'il est une partie qui périt, il en est une autre qui se conserve, et qui entre dans la richesse collective. Sans qu'il le veuille, une partie du travail accompli par l'individu lui survit, et de cette façon il coopère, à son insu, au développement de l'ensemble.

Le premier axiome de la morale et de la politique de Humboldt trouve ici sa confirmation. En réagissant avant tout sur lui-même, l'individu remplit sa fonction sociale et humaine: car, non-seulement l'exercice de l'énergie individuelle est la fin du progrès, mais il en est le principe. L'idée d'une évolution fatale et inconsciente n'est pas fausse, en ce sens, du moins, que la réaction mutuelle de tous les hommes, d'où naissent des effets puissants, n'est pas de nature à être directement aperçue. Mais, si l'on voulait dire que cette évolution est indépendante de l'énergie individuelle, il n'y aurait pas de conception plus erronée ; et il serait également absurde de vouloir calculer à priori la trajectoire du genre humain, comme si elle ne pouvait pas toujours être modifiée par l'intervention imprévue des individualités souveraines.

En présence d'une revendication si obstinée au nom de l'énergie personnelle, en voyant ramener aux lois essentielles de la nature humaine les destinées de l'espèce, dont on chercherait vainement l'explication soit dans l'action mécanique des circonstances, soit dans l'empire capricieux d'un décret divin, la pensée se reporte involontairement de Humboldt vers Kant. La philosophie de celui-ci apparaît comme la véritable école où s'est formé celui-là ; cette critique de la raison humaine, dont la base et les lignes principales sont restées debout malgré plus de soixante années d'efforts aventureux pour la remplacer, est à l'origine de cette haute conception de la linguistique et des résultats auxquels on l'a vue aboutir. Je ne dis pas que la doctrine de Kant ait fait le génie de Humboldt ; je dis qu'elle l'a lancé et soutenu dans sa route. Elle ne l'a pas fait, car Humboldt n'eût-il jamais lu une ligne de Kant, n'en aurait pas moins été fonciè-

rement kantien. Le besoin et l'amour de l'autonomie,
la foi dans la personnalité et le respect de ce qui émane
d'elle, l'éloignement le plus prononcé pour les doctrines et les institutions attentatoires aux droits de
l'individu, une défiance absolue à l'égard de toutes
les conceptions, quelle que soit leur origine, qui font
fi des données de l'expérience ou qui entravent l'observation et la libre interprétation des phénomènes
humains : ces traits de la doctrine critique étaient
gravés dans l'âme de Humboldt avant qu'il eût ouvert
les livres de Kant. On peut dire toutefois, que, s'il
n'a pas emprunté ces vérités, en les trouvant expri-
mées et déduites avec tant de force, il a reconnu avec
un étonnement joyeux son propre génie.

Le principe transcendental qui est le fond de toute
existence, fait partout sentir sa présence dans la philosophie de Kant. De même Humboldt, procédant de
la force inaccessible qui constitue l'individu, n'étudie
ses manifestations que pour y revenir toujours. On
dirait qu'il se complaît en face de cette essence voilée,
tant il l'invoque souvent, et l'on serait parfois tenté
de lui prêter une sorte de mysticisme scientifique bien
éloigné de ses idées. C'est au contraire pour se mettre en
garde contre les solutions imaginaires et pour couper
court aux explications hâtives qui n'expliquent rien,
qu'il rappelle cette source certaine, quoique incon-

nue, de toute action. La certitude qu'il a du mystère, loin de le rendre crédule, lui inspire cette disposition sceptique à pousser le doute aussi loin qu'il peut aller, à n'accepter que ce que l'expérience sainement entendue lui impose, à n'admettre que ce qui a résisté à toutes les épreuves.

Qu'on le rapproche un peu de Niebuhr, et ce sens critique, cette raison imperturbable que le mystérieux n'attire ni ne trouble, qui se penche sur les abîmes sans vertige et attend patiemment qu'une lueur y descende, éclate aussitôt par le contraste. Il existe des affinités incontestables entre Niebuhr et Humboldt. Ce ne sont pas seulement les analogies extérieures d'une vie partagée entre les affaires et la science, également dévouée à la pensée et à la liberté, qui les rapprochent. Leur tendance, leur goût pour les recherches d'origines, leur sentiment vif de la fécondité des forces collectives, leur divination de la vérité établit entre eux encore plus de conformité. Mais Niebuhr, épris de son œuvre, confiant dans son génie, commande la foi, avant d'être en possession de preuves irréfragables. Humboldt au contraire conserve de la défiance, même quand il tient la vérité. Il lui importe assez peu de convaincre les autres. Il lui est presque indifférent d'arriver à un résultat positif,

CHALLEMEL-LACOUR.

maniable, transmissible, éternel : il ne veut que se
convaincre lui-même.

Aussi Humboldt n'a-t-il jamais les affirmations
hasardées, mais claires et frappantes d'un orateur. Il
n'avance rien, qu'aussitôt il n'apporte à son assertion
les réserves, les tempéraments, les explications pru-
dentes, sinon méticuleuses, que réclame la vérité
toujours compliquée et ténue. Il réunit dans sa main
les mille fils dont il forme son tissu délicat, il les
déroule un à un, il les noue, les croise, les quitte,
les reprend, de manière que notre esprit, qui n'a
pas comme le sien les cent yeux d'Argus, pour tout
apercevoir à la fois, est pris d'éblouissement. Le
sentiment de la vérité, le respect craintif qu'il a
pour elle, sont ses qualités et ses défauts comme
écrivain. Il ne nous la présente pas comme un fruit
mûr, cueilli par lui, que notre main peut saisir et
notre bouche savourer; on la voit naître dans ses
écrits comme un arbre dont les racines souterraines
portent un tronc solide, d'où partent des rameaux
innombrables subdivisés à l'infini et couverts d'un
feuillage abondant. De là parfois la beauté de son
style, qui a la grâce et la majesté de ce qui vit, mais
de là aussi sa difficulté.

Quelque kantien qu'il fût, Humboldt n'a pas pris
à Kant son esprit systématique. Sous ce rapport, le

commerce des poëtes de Weimar a prévalu sur l'influence du philosophe de Kœnigsberg. Humboldt était
persuadé, qu'à part l'ordre des choses abstraites, la
vérité ne s'exprime sans altération que par la poésie,
car elle se fait sentir, elle ne se formule pas, et il
cherche jusque dans la prose à obtenir un effet un peu
analogue. Cette manière de penser peut avoir sa justesse. Mais l'intelligence vulgaire veut qu'avec elle on
procède par une autre voie; elle demande des principes nettement posés, des déductions en ligne droite,
des divisions franches : elle veut voir les choses par
fragments, bien que la vie soit un ensemble. Voilà ce
qui rend une exposition systématique légitime et nécessaire. Humboldt avait un tel respect de la vie, qu'il
n'a jamais pu se décider à cette démonstration pièce à
pièce. De ce sentiment proviennent les lenteurs et les
détours de son exposition, défauts assez rachetés par
des qualités supérieures, pour qu'on les oublie quand
on a surmonté les premiers obstacles. Oserai-je pourtant demander qu'il me soit tenu compte de ces difficultés pour excuser les imperfections de l'analyse
qu'on vient de lire?

Plus de quinze années s'écoulent depuis que Humboldt a quitté la vie publique, jusqu'à sa mort, arrivée le 8 avril 1835. Mais elles n'offrent guère que

le tableau d'une existence égale, vouée presque sans
partage à la science et aux joies intimes du foyer ; il
passe l'été dans sa terre patrimoniale de Tégel, il se
plait à parer et à agrandir sa demeure. L'hiver le
ramène à Berlin, et il préfère aux plus beaux mois la
rigueur et les longues veillées de cette saison, où les
sens sont moins distraits, où l'âme, repliée sur elle-
même, vit avec plus d'intensité et entend les pensées
sourdre en elle plus activement. Humboldt voit ses
enfants heureusement établis ; deux de ces filles sont
mariées, l'une au lieutenant-colonel de Hedemann,
l'autre à M. de Bulow, son ancien secrétaire d'ambassade à Londres et qui, maintenant, y occupe lui-
même le poste d'ambassadeur ; un de ses fils est établi
en Silésie. Il a autour de lui sa femme, sa fille aînée,
un jeune fils dont il surveille l'éducation, et il peut
jouir pleinement des douceurs d'une retraite honorée
et féconde.

Cependant il fait en 1828 un grand voyage. Nous
le voyons à Paris, et il y peut sentir encore, après un
intervalle si long, se ranimer l'intérêt que les choses
et les hommes avaient éveillé en lui dans sa jeunesse ;
nous le voyons à Londres, où il devait retrouver de
vieux amis, et où l'attendait l'honneur de voir son
portrait, peint par Lawrence, figurer dans le palais
de Windsor parmi ceux des souverains, des généraux

et des hommes d'État du temps de l'indépendance. Si
la vieillesse est le resserrement de l'âme qui se ferme de
plus en plus aux effluves de la vie ambiante, Humboldt
n'a pas vieilli. Il reçoit encore toutes les impressions,
seulement il ne se livre plus ; il ne se communique
pas, comme il le faisait autrefois dans ses relations
avec une génération dont les rares représentants,
dispersés à cette heure, vont bientôt disparaître.
Humboldt, même dans le monde, ne sort plus d'une
solitude intérieure, qui n'est que la domination d'une
pensée constante. La mort de sa femme augmente
encore ce recueillement, en lui faisant du souvenir la
seule société où il puisse vivre. Tout a changé et tout
change autour de lui ; une révolution nouvelle, dont
les plus fiers ont tremblé un instant, est en train de
s'accomplir ; il a consenti à reprendre le titre de conseiller d'État qu'on lui a rendu ; il suit les réunions
de la Société des amis des arts ; il revient au monde.
Mais, à vrai dire, il a beau s'approcher de la scène,
il n'est qu'un spectateur. Les secousses des événements, le retentissement des passions émues ne parviennent pas jusqu'à son âme ; tous les bruits expirent
au seuil du sanctuaire moral où il vit. Je n'ai donc plus
qu'à jeter un dernier regard dans l'homme intérieur.

Lorsqu'on a soulevé les diverses alluvions d'idées
que la vie a superposées dans l'âme, on atteint une

dernière couche, support de toutes les autres, qui est
le fonds religieux de l'homme. Il ne faut pas le confondre avec la foi accidentelle, que la naissance et
l'éducation nous imposent, comme elles nous imposent
un nom et une langue. Cette foi est une pure déno-
mination, dont l'apparente unité couvre des diversités
innombrables. Le germe natif, qui constitue l'individualité religieuse, périt quelquefois étouffé par la
forme, où il est tenu captif; mais, quand il ne périt
pas, il aspire toujours, il réussit souvent à s'en dé-
gager dans les esprits d'une trempe vigoureuse, et
les idées primordiales s'insinuent dans toutes les
actions, dans toutes les œuvres. A présenter les choses
par un certain côté, il ne tiendrait qu'à moi de faire
passer Humboldt pour très-hardi en religion. Rien
pourtant ne serait moins exact. Si, bien jeune encore,
il s'affranchit de toute confession expresse, et si,
jusqu'à la fin de sa vie, au milieu des réactions religieuses, des restaurations factices, des retours de piété
artificielle, du torrent d'opinion qui ramenait tant
de gens vers un passé anéanti, il garda son indépendance de tout dogme, sans excepter ceux de la religion naturelle, ce ne fut pas la suite d'un parti pris
avec résolution, mais un simple effet de sa nature. Il
n'y avait pas la moindre hardiesse dans la liberté de
Humboldt à l'égard des croyances reçues, car il était

à mille lieues de l'incrédulité batailleuse. Humboldt vivait dans une disposition religieuse constante. Je n'entends point par là cette douloureuse impatience de savoir le comment et le pourquoi des choses, ce tremblement d'esprit à la pensée de l'éternité, qui a parfois tourmenté les sceptiques : cette maladie d'intelligence, toute moderne, ne l'atteignit jamais. Ce que je veux dire, c'est que le sentiment de l'incompréhensible, sur lequel pose toute existence, ne l'abandonnait jamais.

Humboldt était trop imbu de l'esprit de Kant pour prétendre définir ce principe, étranger à la connaissance, puisqu'il dépasse toute expérience. Il se gardait même de réduire le sentiment qu'il en avait à une expression trop déterminée, et surtout de le résoudre en dogmes rationnels, qui enchaînent la raison pensante et qui ne disent rien aux intelligences naïves. Car celles-ci n'ont que faire de formules métaphysiques, dont elles ne peuvent pénétrer le sens, lorsque ces formules en ont un, et dont elles sont à plus forte raison incapables de peser et de suivre la démonstration. Ce qui subjugue les esprits simples, ce sont les mystères, les cérémonies, les symboles, d'autant plus propres à les mettre en présence de l'éternel Inconnu, qu'ils ont une signification moins saisissable, et qu'ils peuvent moins se justifier devant l'entendement. Leur obscurité, qui est absurdité au point de vue logique, fait toute leur puissance. Humboldt comprenait fort bien comment la conception d'une harmonie entre tous les êtres et d'une destinée à accomplir conduit la plupart des hommes aux idées de Dieu et de l'immortalité ; et il se rendait parfaitement compte de la fascination que ces idées exercent. Mais, persuadé que si la religion n'est pas tout l'individu, comme le croit Schleiermacher, il y a du moins en elle de l'individuel, comme le veut Lessing ; et, profondément pénétré de l'indépendance absolue de la morale à l'égard de la religion, car il a proclamé cette indépendance en termes auxquels la violence n'aurait ajouté aucune force, il réclame hautement protection et même respect pour ceux qui n'ont pas besoin de ces idées, et auxquels l'idéal de la perfection humaine suffit comme mobile et comme soutien. Humboldt était lui-même de ces hommes-là. La doctrine d'un monde éternel et invisible ne lui était pas nécessaire pour agir ; il trouvait une excitation assez énergique, une boussole assez sûre dans le sentiment de ses facultés en exercice et de ce qui fait la vraie valeur de l'homme. Que l'individu poussât son avancement moral et intellectuel aussi loin que possible, c'était, selon lui, la peine d'avoir vécu. « Je suis, dit-il, obligé d'avouer franchement qu'à tort ou à

raison je ne tiens pas à l'espérance d'un autre monde.
Je ne voudrais pas me faire d'une autre existence des
idées humaines, et il est pourtant impossible de s'en
faire d'autres. Je regarde la mort avec un calme
absolu, mais sans désir ni enthousiasme. »

Humboldt était trop philosophe, je ne dis pas pour
s'indigner, mais pour s'étonner que d'autres s'attachent à des formes définies ; il était plein de sympathie pour les besoins moraux, d'où sont nés tous les
cultes, et respectueux pour les croyances populaires ;
mais il ne les partageait pas. On aurait tort de voir,
dans cette conduite d'une âme qui laisse si tranquil-
lement aux autres les superstitions qu'elle repousse
pour elle-même, l'indifférence d'une aristocratie inso-
lente. Les hommes que le sort condamne ou à l'igno-
rance absolue ou à une culture rudimentaire, qu'il
asservit tout entiers aux besoins matériels et enchaîne du matin au soir à la glèbe impitoyable du
travail, ne peuvent être transportés en un instant au-
dessus de leurs préoccupations terrestres et misérables
que par des procédés particuliers, et, pour ainsi dire,
par des artifices violents ; il faut que par le culte ils
se trouvent jetés dans un monde étrange, qui les isole
tout d'un coup de la vie ordinaire, pour que s'éveille
dans leur esprit ébranlé le sentiment du mystère universel. Mais qu'y a-t-il d'étonnant à ce que des hom-

mes, dont la pensée est sans cesse tournée vers l'infini
et dont toute la vie est une occupation religieuse,
n'aient pas recours à ces pratiques; leur âme n'est
pas insensible à certains spectacles et peut s'exalter
parfois dans des lieux où la destinée humaine apparaît concentrée, comme Jérusalem ou Rome; mais
ce qu'ils éprouvent ne ressemble pas tout à fait
à la terreur pieuse que les cathédrales et les sacre-
ments impriment au fidèle. Humboldt eut à Rome les
émotions que Gœthe y avait eues. Tous deux étaient
de la même religion, avaient la même foi, aperce-
vaient partout le doigt de l'incompréhensible ouvrier,
le sentaient, comme Spinoza, travailler dans le monde,
dans la nature et dans leur cœur.

Il arrive à tout le monde de parler la langue religieuse. Le plus sévère dans son langage ne s'abstient
pas toujours facilement des termes que l'humanité a
inventés, voilà des milliers d'années, pour exprimer
ses rêves enfantins, devenus des croyances opiniâtres.
La langue que, dans cet ordre d'idées et de sentiments, Humboldt parlait le plus volontiers, était celle
du paganisme et des livres religieux de l'Inde. L'effort
de la Grèce pour tout intellectualiser, pour absorber
l'art dans la morale, la religion, l'État, la vie privée et la
nature, lui semblait une œuvre divine par excellence.
Le beau avait, à un haut degré, la puissance d'élever

sa pensée au-dessus de la réalité passagère et incomplète; et qu'est-ce que la religion, même la plus haute, sinon le détachement du fini? Les livres de l'Inde le séduisaient par une raison toute semblable. Il était trop bon païen pour approuver l'excessif dédain de la terre que ces livres inspirèrent; il était éloigné de tout écart mystique, et gardait, jusque dans ses dispositions les plus métaphysiques, un certain scepticisme de bon aloi. Mais s'il n'avait pas pour l'Inde l'admiration démesurée de plusieurs de ses contemporains; s'il avait soin d'en dénoncer les extravagances poétiques et religieuses, il était cependant indulgent pour elle : il aimait dans sa langue sacrée ce mélange de méditation et de sentiment poétique qui tourne l'âme vers l'absolu, l'attache à la pensée et au monde intellectuel, la délivre du monde terrestre de l'action. Mais il avait bien moins de goût, ou plutôt il sentait comme une vague répulsion pour le sémitisme; cette précision sèche et matérielle dans les dogmes, cet esprit qui, avec des expressions poétiques, est incapable de toute vraie poésie, cette religion terroriste qui traite l'homme à coups de verges et plonge sa nature dans le néant, lui étaient au fond antipathiques. En un mot, Humboldt se maintenait à cette hauteur, où la moralité, la religion, l'art, l'amour, manifestations si diverses de la vie

humaine, s'identifient comme expressions de la force
éternelle, qui est immanente dans l'humanité.

Chose singulière, mais qui ne surprendra pas,
après tout ce que nous avons dit, on trouve en Guillaume de Humboldt du directeur spirituel. Un jour,
dans une heure d'angoisse et de désespoir, une femme,
qu'il avait rencontrée jeune fille, eut l'idée d'implorer
de lui des consolations morales. Elle s'appelait Charlotte Diede. Il y avait des fautes dans sa vie, mais
aussi des épreuves horribles, supportées avec noblesse : le délaissement, la calomnie, la pauvreté ;
c'était une âme abattue, mais noble. Humboldt ac-
cueille sa prière, lui répond, l'encourage ; et, pendant
vingt années, ce diplomate, ce savant, ce spinosiste,
entretient avec elle une correspondance que les travaux, les affaires, les voyages n'interrompent jamais.
Il fait tout pour relever, pour soutenir le roseau
brisé. Il verse dans ce cœur naïf, dans cette intelligence plus naïve encore, le meilleur de ses pensées,
ce que la méditation et l'expérience lui ont apporté
de plus efficace pour fortifier ceux qui plient, et pour
élever leur âme en haut. Le goût qu'il a toujours eu
pour le commerce des femmes, la connaissance qu'il a
acquise de leur nature, l'aident maintenant à démêler
ce qui se cache au fond de ce cœur livré à ses conseils ;
mais une patience, une tendresse, une attention

pleine de sollicitude l'y aident encore mieux. En vrai
directeur, il prend plaisir à gouverner cette pénitente,
il se réjouit de sa docilité, il aime l'empire qu'il exerce
sur elle. Il suit avec curiosité les mouvements sincères
qui soulèvent ce pauvre être, battu par les orages,
endolori, craintif, ombrageux, toujours près de retom-
ber dans l'accablement; mais avec une curiosité qui
n'a rien de banal et qu'échauffe une pitié sympathique
et douce. D'ailleurs il est heureux, on le voit, de se
parler à lui-même en parlant à une enfant, et d'épan-
cher à cette occasion tout ce que son génie renferme
de bienfaisantes pensées. Ainsi s'est formé un livre (1),
qui n'est pas un livre, mais une effusion paternelle où
les femmes ont sans doute trouvé un puissant récon-
fort, puisque ce recueil est arrivé en moins de dix
ans à sa sixième édition.

Il règne dans ces lettres un ton grave et même un
peu mélancolique. Mais la mélancolie n'est pas plus la
souffrance que la gaieté n'est le bonheur; tout le
monde ne peut rire toujours comme Voltaire dans ses
Histoires, en racontant la longue horreur des destinées humaines, ou dans sa Correspondance, en maniant toutes sortes de plaies morales; certaines âmes

(1) *Briefe an eine Freundin*, 2 vol. in-8, 1847. — La *Revue germanique* a publié des extraits étendus empruntés à cet intéressant
recueil.

deviennent volontiers sérieuses, quand elles sont face
à face avec ce qu'il y a de plus réel au monde, la
douleur. A toutes les époques de sa vie, Humboldt,
d'ordinaire si calme, a eu, par intervalles, de ces
saillies de tristesse, ou du moins de ces accès d'émotion solennelle, qui revêtent naturellement une forme
poétique. Quelque amoureux de poésie qu'il fût, il
n'a jamais forcé son génie à produire des œuvres pour
lesquelles il n'était pas fait; quand il a exprimé ses
pensées en vers, il était toujours dominé par une exaltation sincère. Perdu au fond de la *Sierra Morena*,
en face d'une nature écrasante de majesté, loin de sa
patrie et de ses amis; seul avec sa femme qui va tout
à l'heure lui donner un fils sous un toit étranger;
heureux, mais inquiet et un peu triste, il sent son
imagination s'émouvoir, et il écrit, d'après le modèle
évident de Schiller, un poëme philosophique, où il
concentre la fleur de ses méditations sur l'univers
et sur l'histoire. A Rome, sous l'impression toute-
puissante de cette grande ombre, il compose une
longue poésie, qui est comme l'écho de ses entretiens
solitaires avec la poussière de tout ce qui a passé là.
Un peu après, quand son frère est revenu d'Amérique,
en l'écoutant décrire les beautés farouches de cette
terre où il y avait encore de l'inconnu, en parcourant
tant de documents sur des peuplades qui ont disparu

ou qui vont s'éteindre, il s'interroge lui-même et traduit en vers ses idées sur le secret de la mort et de la
résurrection des peuples. Le malheur est que Hum-
bolt met dans la poésie plus de pensée qu'elle ne peut
en contenir. Il ne cède pas, comme les vrais poëtes,
au pur plaisir de produire un monde librement formé
dans son cerveau et qui se crée lui-même son enveloppe ; à vrai dire, ses poëmes naissent d'une pléthore
de pensées, qui, réagissant du cerveau sur le cœur,
l'emplissent d'une agitation pénible et demandent la
poésie pour calmant. C'est pourquoi il entre trop de
l'âme dans ses vers, pas assez de la réalité.

C'est surtout dans la dernière période de sa vie,
après 1830, que la production poétique se régularise
chez Humboldt. Il compose, en quelques années, plusieurs centaines de sonnets. En effet, le sonnet est
une forme éminemment propre à recevoir un jet rapide de l'esprit. Il est une sorte de précipitation cris-
talline qui se fait naturellement dans l'âme quand elle
est saturée d'un sentiment. De toutes les idées con-
tenues dans les sonnets de Humboldt, il n'en est pas
une seule peut-être qui soit nouvelle, et qui n'ait ses
racines dans le passé le plus lointain de son esprit.
Mais elles ont toute la fraîcheur d'une intuition sou-
daine. Conquises depuis longtemps par la méditation,
elles apparaissent avec la vivacité d'une improvi-

sation, avec un redoublement de clarté, avec une
évidence plus irrésistible, liées comme elles le sont à
une image, à un souvenir, à une action de sa journée.
Le firmament et la mer, les nuages et les étoiles, les
arbres et les fleurs, une statue, un paysage, contemplés
autrefois, qui resplendissent de nouveau dans sa mémoire; l'allée de cyprès qui conduit au tombeau de sa
femme, ou le vieux chêne qui l'ombrage; une figure
poétique qui lui est apparue quelque part, la jeune fille
à la fontaine, le cheval qui piaffe et blanchit son mors,
un symbole mythologique, tout lui sert de motif; et
ces motifs si variés sont traités souvent avec une grandeur saisissante. Ici, le sonnet contient l'exposition
pure et simple de l'objet et laisse la pensée sous-en-
tendue, l'inscription est supprimée au-dessous de
l'image; là, l'objet, à peine indiqué, s'efface devant
le sentiment lyrique; ailleurs, l'objet et l'idée, mêlés
l'un à l'autre, offrent une parabole transparente. Mais
partout revient, plus accentuée par la poésie, plus
forte d'expérience, une des pensées d'autrefois : la
sainteté du devoir pratiqué sans espérance, le dédain
des résultats si nécessaire à l'homme, la grâce sanc-
tifiante que renferme la religion du beau et de la
pensée, le culte de l'amour et des sentiments profonds
où se révèlent l'harmonie et l'éternelle unité des
âmes.

La langue subit plus d'une violence dans ces sonnets, le mètre en est parfois inculte et hérissé. Qu'on en lise un à part, on est choqué de ces incorrections ; qu'on les lise de suite, et peu à peu, comme le remarque Alexandre de Humboldt, on oublie tous les défauts, et l'on est captivé par l'âme dont la beauté rayonne à travers ces cristaux tachés. Les sonnets ne sont pas l'ouvrage d'un poëte artiste, mais les efflorescences d'une nature poétique. L'émotion dominante de chaque jour, le souvenir ranimé, l'idée acquise ou rajeunie engendre son sonnet. Le soir, et quelquefois très-tard dans la nuit, Humboldt dicte de mémoire, dans le plus profond secret, les quatorze lignes qui sont la confession de la journée ; et ces feuilles vont joindre les autres dans la cassette, inconnue de tous, dont le secrétaire fidèle n'a découvert l'existence à la famille de Humboldt qu'après sa mort. Il avait étudié pour lui, écrit et voyagé pour lui, vécu pour lui, c'est encore pour satisfaire un besoin tout personnel qu'il rime ; aussi ce que nous rencontrons d'obscurité dans ces poésies égoïstes ne couvre-t-il qu'à nos yeux un sentiment ou une pensée suffisamment clairs aux siens. Eh bien, de même qu'en étudiant pour lui il augmenta d'un champ fécond le domaine de la pensée ; que, sans viser à un autre but qu'à étendre ses idées, il a donné l'impulsion à une science presque nouvelle; de même enfin que, sans donner sa vie à l'intérêt général, il a répandu des semences qui germent déjà, nous voyons des sonnets composés pour lui seul devenir, avec les lettres confidentielles à Charlotte Diede, une révélation publique de lui-même. Grâce à ces deux monuments, la seule partie populaire de ses œuvres, tout ce qu'il avait accumulé de richesses a paru au grand jour. Il nous est plus intimement connu que saint Augustin, que J. J. Rousseau, que Chateaubriand, que tous ceux qui ont tenu à se confesser solennellement devant la postérité.

Félicitons-nous de le connaître si bien. Je suis bien éloigné de vouloir proposer pour modèle un homme dont tant de circonstances ont favorisé la vie, et je sais qu'on n'imite pas plus le génie ou le caractère des autres que leur bonheur. D'ailleurs, la volonté, le choix, la préméditation, sont pour moins que plusieurs ne le prétendent dans notre destinée; on reste où la nature vous place; on laisse gouverner sa pensée, comme sa conduite, aux événements et au hasard; on suit la cohue de l'opinion; on met la sagesse à s'accommoder au temps, à rendre plus douce la situation qui vous est faite. Cependant il y a encore de nos jours des esprits éclairés et sincères, qui ne peuvent se résigner à s'abandonner au vent, et qui voudraient prendre parti, non pas à l'aveugle et en désespoir de

cause, mais par raison, entre les alternatives qui sol-
licitent leur choix. Faut-il hasarder sa vie, son indépendance intellectuelle, j'ai presque dit son honneur,
dans la mêlée dangereuse et confuse de la politique,
— ou faut-il se faire un rempart de son indifférence
au milieu des luttes qui déchirent à cette heure une
partie de l'espèce humaine? La sagesse est-elle de se
soumettre de son mieux à la tradition religieuse, —
ou de se prononcer hautement contre elle, — ou de
fuir le bruit, les querelles sans fin, et de s'isoler dans
quelque doctrine secrète? Nous féliciterons-nous d'être
les fils du xixᵉ siècle plutôt que de tout autre, prêts à
en épouser l'orgueil et les espérances, à le considérer
comme la halte définitive, ou du moins comme un
sûr acheminement vers un prochain âge d'or, — ou
bien aurons-nous le cœur d'y voir le terme extrême
d'une déviation déjà trop ancienne, une tendance mortelle à faire de l'humanité une collection machinale,
qui signalerait, si elle se réalisait entièrement, une
ère d'affaiblissement de la force individuelle, et de
dégradation pour l'espèce? Mettrons-nous tout notre
espoir d'avancement social et de grandeur à venir
dans les masses, dépositaires de toute vérité et de
tout droit, sans regarder si ces masses se composent
d'unités réelles ou de zéros, — ou bien demanderons-
nous le progrès aux individus, et appellerons-nous

encore de ces hommes puissants, qui interviennent quelquefois à l'heure précise où l'humanité vulgaire est à bout et a besoin d'eux, mais qui souvent aussi se font attendre des siècles, laissant par leur absence les nations en souffrance, la science en suspens, la marche générale hésitante ou interrompue?

C'est à ceux qui ne se piquent pas d'avoir sur tout cela une réponse parfaitement claire, à ceux qui ont la force, ou, si l'on veut, la faiblesse de douter, que l'étude de Humboldt me paraît utile. Chaque époque, et la nôtre en particulier, a de ces solutions sommaires et générales, à peine contestées, répétées par tant de bouches et sous tant de formes, qu'à son insu même on se les laisse imposer, car on ne songe pas à les mettre en question. Or, Guillaume de Humboldt me paraît, à beaucoup d'égards, une exception aujourd'hui, soit par les solutions qu'il a adoptées sur ces divers points, soit par le doute où il a su s'arrêter; et ce n'est pourtant pas un utopiste, ni un chercheur de paradoxes. Si donc on a le droit de ne pas conclure avec lui, il est prudent de ne pas négliger son avis.

FIN.

TABLE DES MATIÈRES

12.

TROISIÈME PARTIE. — **LES RÉSULTATS**.

FIN DE LA TABLE DES MATIÈRES.

AUBER (Ed.). **Institutions d'Hippocrate**, ou Exposé philosophique des principes traditionnels de la médecine, suivi d'un Résumé historique du naturisme, du vitalisme et de l'organicisme, et d'un Essai sur la constitution de la médecine, par le docteur Ed. Auber. 1 vol. grand in-8 de luxe............................ 10 fr.

AUBER (Ed.). **Traité de la science médicale** (histoire et dogme), comprenant : 1° un Précis de méthodologie et de médecine préparatoire ; 2° un Résumé de l'histoire de la médecine, suivi de notes historiques et critiques sur les écoles de Cos, d'Alexandrie, de Salerne, de Paris, de Montpellier et de Strasbourg ; 3° un Exposé des principes généraux de la science médicale. 1853, 1 fort vol. in-8................................. 8 fr.

AUBER (Ed.). **Hygiène des femmes nerveuses**, ou Conseils aux femmes pour les époques critiques de leur vie. 2° édition, 1 vol. grand in-8............ 3 fr. 50

BARTHEZ et RILLIET. **Traité clinique et pratique des maladies des enfants**. 1861, 2° édit. refondue, 2° tirage, 3 vol. in-8.................... 25 fr.

BARTHEZ. **Nouveaux Éléments de la science de l'homme**, par P. J. Barthez, médecin de S. M. Napoléon Ier. *Troisième édition*, augmentée du Discours sur le génie d'Hippocrate, de Mémoires sur les fluxions et les coliques iliaques, sur la thérapeutique des malades, sur l'évanouissement, l'extispice, la fascination, le faune, la femme, la force des animaux ; collationnée et revue par M. E. Barthez, médecin de S. A. le Prince impérial et de l'hôpital Sainte-Eugénie, etc. 2 volumes in-8 de 1010 pages............................ 12 fr.

BÉRAUD (B. J.) et CH. ROBIN. **Manuel de physiologie de l'homme et des principaux vertébrés**, répondant à toutes les questions physiologiques du programme des examens de fin d'année, par M. Béraud, chirurgien des hôpitaux de Paris, revu par M. Ch. Robin, professeur de la Faculté de médecine de Paris. 1856-1857, 2 vol. grand in-18, 2ᵉ édit., entièrement refondue. 12 fr.

Biographie médicale par ordre chronologique, d'après Daniel Leclerc, Éloy, Freind, Sprengel, Dezeimeris, etc. 1855, 2 vol. in-8 à 2 colonnes.............. 6 fr.

BOUCHARDAT. **Le Travail**, son influence sur la santé (conférences faites aux ouvriers). 1863, 1 volume in-18.................................. 2 fr. 50

BOUCHARDAT et JUNOD. **L'Eau-de-vie, ses dangers**, par M. le professeur Bouchardat et M. H. Junod, pasteur de Saint-Martin (Suisse). 1 vol. in-18, 1864.... 1 fr.

BOUCHARDAT. **Opuscules d'économie rurale**, contenant les engrais, la betterave, les tubercules de dahlia, les vignes et les vins, le lait, le pain, les boissons, l'alucite, la digestion et les maladies des vers à soie, les sucres, l'influence des eaux potables sur le goître, etc. 1854, 1 vol. in-8.................. 3 fr. 50

BOUCHARDAT. **Traité des maladies de la vigne.** 1853, 1 vol. in-8.......................... 3 fr. 50

BOUCHARDAT. **Formulaire vétérinaire**, contenant le mode d'action, l'emploi et les doses des médicaments simples et composés prescrits aux animaux domestiques par les médecins vétérinaires français et étrangers, et suivi d'un Mémorial thérapeutique. 1862, 2ᵉ édit., 1 vol. in-18.................................. 4 fr. 50

DELEUZE. **Instruction pratique sur le magnétisme animal**, précédée d'une Notice sur la vie et les ouvrages de l'auteur, et suivie d'une Lettre d'un médecin étranger. 1853, 1 vol. in-12................ 3 fr. 50

DELVAILLE (CAMILLE). **Études sur l'histoire naturelle.**
Première série contenant : Unité des races humaines. —
De l'alimentation par la viande de cheval. — L'œuvre
d'Étienne Geoffroy Saint-Hilaire. — Biographie scientifique
du XVIII° siècle. — Les hommes à queue. 1862, 1 vol.
in-18.. 3 fr. 50

DONDERS. **L'astigmatisme** et les verres cylindriques,
par Donders, professeur à l'université d'Utrecht ; traduit
du hollandais par le docteur H. Dor, médecin à Vevey.
1862, 1 vol. in-8 de 144 pages............ 4 fr. 50

DUBOIS (d'Amiens). **Philosophie médicale.** Examen
des doctrines de Cabanis et de Gall. 1845, 1 vol. in-8. 5 fr.

DUBOIS (AMABLE). **Manuel du malade à Vichy.** 1 vol.
in-12, 1860................................... 2 fr. 50

DU POTET. **Traité complet de magnétisme,** cours en
douze leçons. 1856, 3° édit., 1 vol. de 634 pag. 7 fr.

DU POTET. **Manuel de l'étudiant magnétiseur,** ou
Nouvelle instruction pratique sur le magnétisme, fondée
sur *trente années* d'expérience et d'observations. 1854,
3° édit., 1 vol. gr. in-18, avec 2 figures... 3 fr. 50

DURAND-FARDEL. **Traité thérapeutique des eaux
minérales** de France et de l'étranger, et de leur emploi
dans les maladies chroniques. 2° édit , 1862, 1 vol. in-8
de 771 pages, avec carte coloriée............ 9 fr.

ÉLIPHAS LÉVI. **Dogme et rituel de la haute magie.**
1861, 2° édit., 2 vol. in-8, avec 24 figures... 18 fr.

GEOFFROY SAINT-HILAIRE. **Histoire naturelle des
mammifères,** comprenant quelques vues préliminaires
de l'histoire naturelle, et l'histoire des singes, des makis,
des chauves-souris et de la taupe. 1834, 1 vol. in-8. 8 fr.

HIPPOCRATE **Aphorismes latins-français** tirés des
documents de la bibliothèque du Roi, par MM. Quenot et
Wahu. 1843, 1 vol. in-18.............. 4 fr. 50

JAMAIN. Nouveau Traité élémentaire d'anatomie descriptive et de préparations anatomiques, par M. le docteur Jamain, chirurgien des hôpitaux, suivi d'un **Précis d'embryologie**, par M. Verneuil, agrégé et chirurgien des hôpitaux, 2e édition. 1861, 1 vol. grand in-18 de 900 pages avec 200 figures intercalées dans le texte................................... 12 fr.

JOLY Des générations spontanées, conférence faite par le professeur Joly dans l'amphithéâtre de l'École de médecine. In-8...................... ..... 50 c.

JOSAT. De la mort et de ses caractères. Nécessité de réviser la législation des décès pour prévenir les inhumations précipitées. Ouvrage entrepris sous les auspices du gouvernement et couronné par l'Institut. 1854, 1 vol. in-8.................................... 7 fr.

LAFONTAINE. L'Art de magnétiser, ou le Magnétisme animal considéré sous les points de vue théorique, pratique et thérapeutique. 1860, 3e édit., 1 vol. in-8, avec figures.................................... 5 fr.

LERICHE. De la surdité et de quelques nouveaux moyens pour constater et guérir cette maladie. 2e édit. 1861. 2 fr.

LÉVEILLÉ. Histoire de la folie des ivrognes. 1830, 1 vol. in-8............................... 6 fr.

LUBANSKI. Guide du poitrinaire et de celui qui ne veut pas le devenir. 1861, 1 vol. in-18.......... 2 fr.

MACARIO. Traitement moral de la folie. 1843, in-4................................ 1 fr. 50

MACARIO. Du sommeil, des rêves et du somnambulisme, dans l'état de santé et de maladie, précédé d'une lettre de M. le docteur Cerise. 1 vol. in-8, 1857. 5 fr.

MAHEUX. Traité de la stérilité chez la femme, considérée sous le rapport de ses causes et de son traitement. In-18................................ 2 fr. 50

MALGAIGNE. Manuel de médecine opératoire. 7° édit., 1861, 1 vol. grand in-18.................... 7 fr.

Cette édition a été enrichie de nombreuses statistiques des résultats des opérations, et a été complètement refondue.

MANDON. Histoire critique de la folie instantanée, temporaire, instinctive, ou Étude philosophique, physiologique et légale des rapports de la volonté avec l'intelligence, pour apprécier la responsabilité des fous instinctifs, des suicidés et des criminels. 1862, 1 vol. in-8 de 212 pages.................... 3 fr. 50

MÉNIÈRE. Études médicales sur les poëtes latins. 1858, 1 vol. in-8....................... 6 fr.

MÉNIÈRE. Cicéron médecin, étude médico-littéraire. 1863, 1 vol. in-18.................... 4 fr. 50

MOREAU-CHRISTOPHE. De la mortalité et de la folie dans le régime pénitentiaire. 1839, br. in-8... 2 fr.

MORIN. Du magnétisme et des sciences occultes. 1860, 1 vol. in-8...................... 6 fr.

MUNARET. Le Médecin des villes et des campagnes. 4° édit., 1862, 1 vol. gr. in-18......... 4 fr. 50

NÉLATON. Éléments de pathologie chirurgicale, 1844-1859, 5 volumes in-8.............. 37 fr.

Les tomes III° et IV° se vendent séparément... 12 fr.
Le tome V° et dernier se vend séparément.... 9 fr.

NETTER. Lettres sur la contagion. 1864, in-8 de 40 pages............................ 1 fr. 50

OLLIVIER (Clément). Histoire physique de la femme. 1857, 1 vol. in-8...................... 5 fr.

PADIOLEAU. La médecine morale dans le traitement des maladies nerveuses. Ouvrage couronné par l'Académie impér. de médecine. 1864, 1 vol. in-18. 4 fr. 50

POINTE. Hygiène des collèges (autorisée par le conseil de l'Université). 1846, 1 vol. in-18....... 4 fr. 50

POUGENS. Dictionnaire de médecine et de chirurgie pratiques mises à la portée des gens du monde, ou moyens les plus simples et les mieux éprouvés de traiter toutes les infirmités humaines, et contenant les conseils pour conserver la santé. 2e édit., 1820, 4 vol. in-8.   4 fr.

SHRIMPTON. La Guerre d'Orient, l'armée anglaise et miss Nightingale. 1 vol. in-8.............. 2 fr.

SPURZHEIM. Essai philosophique sur la nature morale et intellectuelle de l'homme. 1820, 1 vol. in-8.................................. 4 fr. 50

SPURZHEIM. Essai sur les principes élémentaires de l'éducation. Paris, 1822, 1 vol. in-8... 3 fr. 50

THÉVENIN (ÉVARISTE). Hygiène publique, résumé de dix ans de travaux au conseil de salubrité, de 1849 à 1858. 1 vol. in-18, 1863............. 2 fr. 50

VELPEAU et BÉRAUD. Manuel d'anatomie chirurgicale, générale et topographique, par M. Velpeau, membre de l'Institut, professeur à la Faculté de médecine de Paris, et M. Béraud, chirurgien des hôpitaux. 2e édition, 1862, 1 vol. in-18 de 622 pages... 7 fr.

VIRCHOW. Des Trichines, et des maladies qu'elles occasionnent, à l'usage des médecins et des gens du monde, par le professeur Virchow (de Berlin), traduit de l'allemand par M. E. Onimus. 1 vol. in-8, avec 6 figures et une planche lithographique.................. 2 fr.

WOILLEZ (Madame). Les Médecins moralistes, code philosophique et religieux extrait des écrits des médecins anciens et modernes, notamment des docteurs français contemporains, avec un Discours préliminaire de feu le professeur Brachet (de Lyon), et une Notice par le docteur Descuret. 1862, in-8..................... 6 fr.

ZIMMERMANN. De la solitude, des causes qui en font naître le goût, de ses inconvénients, de ses avantages, et de son influence sur les passions, l'imagination, l'esprit et le cœur; traduit de l'allemand par M. Jourdan. Nouvelle édition, 1810, in-8.............. 3 fr. 50

----

www.ingramcontent.com/pod-product-compliance
Lightning Source LLC
Chambersburg PA
CBHW070609100426
42744CB00006B/441